O caráter oculto da saúde

Dados Internacionais de Catalogação na Publicação (CIP)
(Câmara Brasileira do Livro, SP, Brasil)

Gadamer, Hans-Georg
   O caráter oculto da saúde / Hans-Georg Gadamer ; tradução de Antônio Luz Costa. 2. ed. – Petrópolis, RJ : Vozes, 2011.

   Título original: Über die Verborgenheit der Gesundheit.
   Bibliografia.

   1ª reimpressão, 2021.

   ISBN 978-85-326-3345-3

   1. Cura 2. Doenças 3. Medicina 4. Saúde I. Título.

Índices para catálogo sistemático:
1. Saúde e medicina   610
2. Filosofia   100

Hans-Georg Gadamer

O caráter oculto da saúde

Tradução de Antônio Luz Costa

EDITORA
VOZES

Petrópolis

© Suhrkamp Verlag Frankfurt am Main 1993

Tradução realizada a partir do original em alemão intitulado
Über die Verborgenheit der Gesundheit

Direitos de publicação em língua portuguesa:
2006, Editora Vozes Ltda.
Rua Frei Luís, 100
25689-900 Petrópolis, RJ
www.vozes.com.br
Brasil

Todos os direitos reservados. Nenhuma parte desta obra poderá ser reproduzida ou transmitida por qualquer forma e/ou quaisquer meios (eletrônico ou mecânico, incluindo fotocópia e gravação) ou arquivada em qualquer sistema ou banco de dados sem permissão escrita da editora.

CONSELHO EDITORIAL

Diretor
Gilberto Gonçalves Garcia

Editores
Aline dos Santos Carneiro
Edrian Josué Pasini
Marilac Loraine Oleniki
Welder Lancieri Marchini

Conselheiros
Francisco Morás
Ludovico Garmus
Teobaldo Heidemann
Volney J. Berkenbrock

Secretário executivo
João Batista Kreuch

Editoração: Sheila Ferreira Neiva
Diagramação e capa: AG.SR Desenv. Gráfico

ISBN 978-85-326-3345-3 (Brasil)
ISBN 3-518-22135-3 (Alemanha)

Editado conforme o novo acordo ortográfico.

Este livro foi composto e impresso pela Editora Vozes Ltda.

Sumário

Prefácio, 7

Teoria, técnica, prática, 9

Apologia da arte de curar, 40

Sobre o problema da inteligência, 52

A experiência da morte, 68

Experiência corporal e objetivabilidade, 77

Entre natureza e arte, 91

Filosofia e medicina prática, 99

Sobre o caráter oculto da saúde, 109

Autoridade e liberdade crítica, 122

Tratamento e diálogo, 130

Vida e alma, 145

Angústia e medos, 155

Hermenêutica e psiquiatria, 165

Referências dos capítulos, 175

Prefácio

Foram sempre conjunturas especiais que me levaram a manifestar-me sobre os problemas dos cuidados com a saúde e da arte médica. Os resultados dessas manifestações estão reunidos neste pequeno volume. Não deve surpreender que um filósofo, que não é médico e nem se sente como paciente, participe da problemática geral que se coloca sobre aspectos do cuidado com a saúde na era da ciência e da técnica. Em nenhum outro lugar os progressos da pesquisa moderna adentram tanto o campo de tensão sociopolítico de nosso tempo como nessa área. A constatação de que há limites de mensurabilidade nos foi ensinada pela física do nosso século. A meu ver, isso também é objeto de um elevado interesse hermenêutico, o que se torna ainda mais válido quando se trata não apenas da natureza mensurável, mas de seres humanos vivos. Assim, os limites da mensurabilidade e, de forma geral, da exequibilidade, penetram profundamente na área do cuidado com a saúde. Saúde não é algo que se possa fazer. Mas o que é saúde, então? Ela é um objeto de estudo científico na mesma medida em que se torna objeto para uma pessoa atingida por sua perturbação? O objetivo maior permanece sendo tornar-se novamente sadio e, com isso, esquecer que se está sadio.

Contudo, os domínios da ciência sempre penetram na vida das pessoas e, quando se trata da aplicação do conhecimento científico à própria saúde, a pessoa, então, não se torna objeto somente da perspectiva científica. Nesse caso, cada um tem suas experiências e costumes. Isso vale especialmente ainda para as controversas áreas periféricas da própria ciência médica, a psicossomática, a homeopatia, as assim chamadas técnicas naturais de cura, a higiene, a indústria farmacêutica e para todos os aspectos ecológicos da saúde. Isso vale igualmente para o tratamento médico e pensão de aposentadoria da população. O custo, aumentando cada vez mais, impõe, com extrema urgência, que o cuidado com a saúde seja novamente reconhecido e percebido como uma tarefa geral da própria população.

Desse modo, minhas contribuições aqui apresentadas também não são de modo algum dirigidas apenas aos médicos, diante dos quais elas, normalmente, foram conferidas sob forma de palestras, e também não são dirigidas somente aos pacientes, mas sim, mais fundamentalmente falando, a qualquer um que, como todos nós, procura cuidar de sua própria saúde através de seu modo de vida. Com isso, essa tarefa especial do ser humano converge num campo de ação bem mais amplo de nossa civilização tão vulneravelmente evoluída. Por toda a parte estamos de posse de um crescente ser-capaz-de-fazer (*Können*) humano tão admirável quanto assustador, e importa inseri-lo em um todo regido por princípios do regime político. Há séculos que temos deixado de adaptar o conjunto de nossa cultura a essas novas tarefas. Basta lembrar o otimismo da humanidade que animava o século XVIII e compará-lo com o clima que paira neste final do século XX [sic], do ser humano na era das massas. Basta pensar no imenso incremento da tecnologia de armamento e do potencial de destruição nele presente. Pensemos na ameaça às condições de vida humana que representa o avanço técnico, do qual todos nós usufruímos. Mas pensemos também no tráfico de armas, tão incontrolável como o tráfico de drogas, e, especialmente, pensemos no fluxo de informações que ameaça afogar a capacidade humana de discernimento.

O caráter oculto da saúde é apenas uma pequena parte de todas essas tarefas que temos pela frente. Por toda a parte importa alcançar o equilíbrio entre capacidade de fazer e o querer e fazer responsável. Os problemas do cuidado com a saúde representam um aspecto no interior desse todo, o qual atinge diretamente todas as pessoas. Por isso, só nos resta estarmos de acordo sobre os limites da exequibilidade, os quais a doença e a morte nos ensinam. A preocupação com a própria saúde é um fenômeno primordial do ser humano.

Teoria, técnica, prática

"Não resta dúvida de que todo o nosso conhecimento começa pela experiência"[1]. Esse célebre início da *Crítica da razão pura* de Kant é, certamente, válido também para o saber que temos do ser humano. Por um lado, isso é o todo que se constitui dos crescentes resultados obtidos em contínuo progresso pela pesquisa em ciências naturais, o qual denominamos "a ciência". Por outro, há o saber acumulado pela experiência, através da chamada práxis, continuamente reunida por todo aquele que está vivendo, seja o médico ou o religioso, o educador, o juiz, o soldado, o político, o comerciante, o operário, o funcionário de empresa privada ou o funcionário público. Não apenas na esfera profissional de todas essas pessoas, mas, da mesma maneira, em toda a existência privada e pessoal cresce, permanentemente, a experiência que o ser humano tem consigo mesmo e com seus semelhantes. E, novamente, aflui uma enorme riqueza de saber ao ser humano, seja da herança cultural humana, da literatura, das artes em geral, da filosofia, da historiografia e de outras ciências históricas. É certo que tal saber é "subjetivo", quer dizer, em grande parte incontrolável e instável. No entanto, trata-se de um saber no qual a ciência não pode negar seu interesse. E assim o é, desde sempre, do tempo da "filosofia prática" de Aristóteles até a era romântica e pós-romântica das assim chamadas ciências humanas, tem-se transmitido um rico saber sobre o ser humano. Porém, diferentemente das ciências naturais, todas essas outras fontes de experiência possuem algo em comum que as caracteriza. O seu saber somente se torna expe-

---

1. KANT. *Crítica da razão pura*, vol. 1.

10   O caráter oculto da saúde

riência quando ele passa a integrar a consciência prática daquele que age.

A experiência científica ocupa aqui uma posição especial. Aquilo que, através do método científico, pode ser considerado como uma experiência segura, é caracterizado pelo fato de ser basicamente independente de qualquer situação da ação e de qualquer integração em um contexto da ação. Ao mesmo tempo, essa "objetividade" significa que ela pode servir a qualquer contexto possível da ação. Foi exatamente isso que, de uma maneira específica, encontrou expressão na ciência contemporânea e remodelou, amplamente, o perfil da terra em um mundo humano artificial. A experiência elaborada nas ciências tem agora não apenas a preferência de ser passível de comprovação e acessível a qualquer um: com base no seu procedimento metodológico, ela também reivindica ser a única experiência segura e ser o saber, através do qual qualquer experiência seja, primeiramente, legitimada. Aquilo que, da maneira descrita, sobre o saber da humanidade é reunido da experiência prática e da tradição fora da "ciência", não apenas deve ser submetido a comprovação pela ciência, mas, se for aprovado, ele mesmo pertencerá ao campo de análise da ciência. Em princípio, não há nada que, desse modo, não esteja subordinado à competência da ciência.

O fato de ela resultar não apenas da experiência, mas também, conforme seu próprio método, poder ser denominada de ciência empírica – uma expressão aplicada à ciência somente a partir do século XVII –, encontrou sua expressão fundamental também na filosofia moderna. No século XIX, tornou-se consenso geral de que se havia entrado na era da ciência "positiva" e deixado a metafísica para trás. Isso corresponde não somente ao "positivismo" filosófico em toda a sua variedade, o qual afasta de si a construção conceitual e a simples especulação – vale também para todas aquelas teorias filosóficas que, como a kantiana, refletem formalmente sobre os elementos apriorísticos em toda a experiência. É por isso que a filosofia do neokantismo se formou numa teoria sistemática da experiência. O conceito da coisa em si, este elemento realístico na teoria kantiana, foi rejeitado pelo neo-

Teoria, técnica, prática 11

kantismo – com Fichte e Hegel – por ser dogmático e reinterpretado como um conceito-limite do conhecimento. O objeto do conhecimento apresenta a "interminável tarefa" do "determinar" (*Natorp*). Este seria o único sentido epistemologicamente sustentável de "realidade dada" e "objeto": a interminável tarefa. Essa teoria tem o mérito decisivo de comprovar à fundamentação sensualista do conhecimento seu dogmatismo secreto. A assim considerada realidade dada na sensação não apresenta nada de "dado", mas sim coloca ao conhecimento a sua tarefa. O único "fato" que merece este nome é o fato da ciência.

Nesse caso havia, decerto, áreas de validade extrateóricas (como a área da estética), que exigiam seu reconhecimento e, dessa maneira, fizeram com que irrompesse na teoria científica neokantiana a discussão sobre o irracional. Mas isso não alterava em nada a limitação fundamental de todos os saberes empíricos à experiência científica. Nada daquilo que seja considerado experimentável pode ser subtraído da competência da ciência. Se, em algum lugar, encontramos o imprevisível, o acidental, a adversidade em relação à nossa expectativa, mesmo aí se manifesta a pretensão de universalidade da ciência. Aquilo que possui a aparência do irracional é, na verdade, um fenômeno marginal, um fenômeno-limite da ciência que se deixa perceber, especialmente, onde a ciência encontra aplicação na práxis. Aquilo que, na práxis, resulta como consequência inesperada e, normalmente, não desejada da aplicação da ciência é, na verdade, algo bem diferente do que a inevitável irracionalidade do acaso. É, de acordo com a sua natureza, nada mais do que uma outra tarefa para a pesquisa. O progresso da ciência vive de sua constante autocorreção e, da mesma maneira, uma práxis científica, estruturada na aplicação da ciência, exige que ela, através da contínua autocorreção, sempre continue elevando o nível de autenticidade das expectativas que são investidas nela.

Mas o que significa, aqui, práxis? A aplicação de ciência como tal já é uma práxis? Toda a práxis é aplicação da ciência? Mesmo que em toda a práxis esteja incluída a aplicação científica, ambas não são idênticas, já que práxis não significa apenas a exequibilidade daquilo tudo que se possa fazer. Práxis é sempre também escolha e decisão entre possibilidades. Ela já carrega sempre uma relação com o "ser" do homem. Isso se reflete, por exemplo, no modo de falar impróprio: "O que você anda fazendo?", que não pergunta sobre o que se faz, mas como se tem estado. Desse ponto de vista, apresenta-se um irredutível antagonismo entre ciência e práxis. A ciência, por essência, não finaliza – a práxis exige decisões imediatas. Desse modo, a incompletude de toda a ciência empírica não significa apenas que ela, com base na sua contínua disposição, trabalhe novas experiências e exija uma legítima pretensão de universalidade, mas também que ela nunca possa corresponder totalmente a essa pretensão de universalidade. A práxis exige o saber; quer dizer, porém, que ela é coagida a tratar o respectivo saber disponível como uma completude e um saber seguro. Mas o saber da ciência não é *desse* modo. É exatamente através disso que a ciência moderna se diferencia fundamentalmente do conjunto do saber antigo, o qual sob o nome "filosofia", outrora, quer dizer, antes do limiar da Idade Moderna, concentrava aquele saber da humanidade. O saber da "ciência" não é concluído, portanto não pode ser chamado de *doctrina*. Ele se compõe de nada mais do que o respectivo estado da "pesquisa".

Deve-se esclarecer o completo alcance daquilo que, com as ciências empíricas e as ideias sobre método, colocou-se ao mundo. Quando se diferencia "a ciência" do saber geral de outrora, que vinha de uma herança antiga e dominava até a alta Idade Média, vê-se que tanto o conceito de teoria como o de práxis sofreram, ambos, alterações. O uso do saber na práxis naturalmente sempre existiu, tanto que se denominava "ciências e artes" (*epistemai* e *technai*). A "ciência", em geral, era apenas a elevação extrema do saber, o qual guiava a práxis. Mas ela entendia a si mesma como uma pura *theoria*, quer dizer, como um saber procurado como valor em si mesmo e não pelo seu significado prático. Foi precisamente a partir desse entendimento que se intensificou, primeiro, quer dizer, na ideia grega de ciência, a relação com a práxis como problema. Enquanto o saber matemático dos geômetras egípcios ou mesmo dos astrônomos babilônicos nada mais foi do que um tesouro de sabedoria, que se tinha reunido da práxis para a práxis, os gregos transformaram esse ser-capaz-de-fazer e saber em um saber de causas e, com isso, em um saber demonstrável, do qual as pessoas desfrutavam em virtude de seu próprio sentido, levadas, por assim dizer, por uma curiosidade originária. Dessa maneira, surgiu a ciência grega, tanto a matemática como também o movimento iluminista da filosofia natural grega e, no mesmo espírito, apesar de toda a sua referência essencial à práxis, também a medicina grega. Assim, acontece, pela primeira vez, a dissociação da discussão sobre ciência e sobre sua aplicação prática, sobre teoria e práxis.

Contudo, é difícil comparar com isso a relação moderna de teoria e práxis, resultante da ideia de ciência do século XVII. Pois a ciência não é mais a essência do saber sobre o mundo e o ser humano, como havia sido elaborado e articulado, na forma comunicativa da linguagem, pela filosofia grega, seja ela como filosofia natural ou como filosofia prática. O fundamento da ciência moderna é, em um sentido totalmente novo, a experiência, já que, com a ideia do método unitário do conhecimento, como o formulou, por exemplo, Descartes em suas "Regras", o ideal da certeza torna-se critério de todo o conhecimento. Como experiência é válido somente aquilo que é controlável. Assim, no século XVII, a própria experiência volta a se tornar uma instância de aprovação, da qual se permite aprovar ou refutar a validade de princípios matemáticos pré-delineados. Galileu, por exemplo, não descobriu o limite da queda livre através da experiência, mas, como ele mesmo afirma: *mente concipio*, quer dizer, eu concebo-a em minha mente. Aquilo que Galileu concebeu dessa maneira, como a ideia da queda livre, não foi, de fato, um objeto da experiência. O vácuo não existe na natureza. Entretanto, o que ele reconheceu, exatamente através dessa abstração, foram princípios no interior da rede de relações causais, que na experiência concreta se encontram entrelaçadas uma na outra sem a possibilidade do seu desemaranhamento. A mente, ao isolar cada relação e, com isso, medir e pesar sua parte exata, abre a possibilidade para que se possa, voluntariamente, introduzir fatores causais. De modo que não é insensato afirmar que a ciência natural moderna – salva do puro interesse teórico que a estimula – não tem tanto em vista o saber enquanto ser-capaz-de-fazer, quer dizer, a práxis, de acordo com B. Croce em sua *logica* e *practica*. Parece-me, no entanto, mais certo afirmar que a ciência possibilita um saber direcionado a uma capacidade de fazer, um domínio sabedor da natureza, quer dizer, a técnica. E isso não é exatamente práxis, pois não é um saber obtido como soma de diversas experiências da prática de situações da vida e de circunstâncias de ações, mas trata-se de um saber, que, por seu lado, possibilita, antes, uma nova e específica relação de práxis, a saber, aquela da aplicação construtivista. Pertence à metodologia do seu procedimento realizar, em todas as áreas, a abstração que isole cada uma das relações causais. Com isso, ela tem de considerar a inevitável particularidade de sua competência. Porém, o que, com isso, entrou na vida foi "a ciência", trazendo consigo um novo conceito de teoria e de práxis. Esse é um grande acontecimento na história da humanidade, que conferiu à ciência um novo perfil social e político.

Por isso, não é por acaso que se designa a nossa época como uma época das ciências. Sobretudo, são dois os motivos que justificam essa afirmação. Primeiro, somente agora o domínio técnico-científico da natureza ganhou proporções que diferenciam, qualitativamente, o nosso século de séculos anteriores. Não se trata apenas de a ciência hoje ter se tornado o primeiro fator produtivo da economia humana. O seu emprego prático criou também, antes, uma situação fundamentalmente nova. Ela não está mais limitada, como era outrora no sentido de *techne*, a preencher as possibilidades de outra constituição deixadas em aberto pela natureza (Aristóteles). Ela ascendeu ao plano de uma contrarrealidade artificial. No passado, as transformações do nosso meio ambiente remontavam, mais ou menos, a causas naturais, como, por exemplo, à alteração climática (glaciação), a influências meteorológicas (erosão, sedimentação, etc.), períodos de seca, formação de pântanos e outros fenômenos semelhantes, tratan-

Teoria, técnica, prática 15

do-se, apenas ocasionalmente, dos efeitos de atividades humanas, tais como o desmatamento de florestas, que tinha a esterilização do solo como consequência, o extermínio de espécies animais através da caça, o esgotamento de solos através do cultivo agrícola, o desaparecimento de terras para plantio após a exploração. Essas já eram transformações mais ou menos irreversíveis. Mas a humanidade se salvou em tais casos, deslocando-se para novas regiões ou aprendendo a evitar as consequências a tempo. No mais, a contribuição do trabalho humano, o do coletor, do caçador ou do agricultor, não chegava a provocar uma verdadeira perturbação no equilíbrio da natureza.

Hoje, pelo contrário, a exploração técnica das riquezas naturais e a remodelação artificial do nosso meio ambiente tornaram-se tão planificadas e amplas, que suas consequências ameaçam o ciclo natural das coisas e desencadeiam processos irreversíveis em grande escala. O problema da proteção ambiental é a expressão visível dessa totalização da civilização técnica. Cabem à ciência, evidentemente, tarefas de crescente importância, e ela tem de representar esse papel diante da consciência pública, já que os efeitos de nossa civilização técnica começam a atingir a consciência geral. Por um lado, isso conduz a uma cegueira emocional, com a qual a esfera pública reage a esses fenômenos, no sentido de crítica cultural. Trata-se de evitar, a tempo, a iconoclastia ameaçadora que disso resulta. Por outro lado, há a crença supersticiosa na ciência, que fortalece a irresponsabilidade tecnocrata, com a qual o poder técnico se dissemina desenfreadamente. Em ambas as direções, a ciência tem de realizar algo como uma desmitologização dela mesma, e deve fazê-lo, precisamente, com os meios mais apropriados da informação crítica e da disciplina metódica. Com isso, temas como a vida urbana, o meio ambiente, o crescimento demográfico, a alimentação mundial, os problemas dos idosos, etc., ocupam, justificadamente, um lugar privilegiado na temática científica relacionada com o nosso saber do ser humano. A bomba atômica se revela mais e mais como um mero caso especial do autorrisco mundial da humanidade e da sua vida neste planeta, perigo o qual foi gerado pela ciência e para cuja prevenção é ela que deverá dar sua própria contribuição.

Mas também no interior da ciência há a ameaça de um perigo semelhante de autodestruição, que escapa, diretamente, do perfeccionismo do moderno funcionamento da pesquisa. A especialização da pesquisa já ultrapassou, há muito tempo, a orientação voltada para o saber, que tornava possível um saber enciclopédico ainda no século XVIII. Mas, mesmo no começo do nosso século, havia ainda caminhos suficientes de informação bem organizada, que permitiam ao leigo a participação no saber da ciência e ao pesquisador a ampla participação em outras ciências. Desde então, a expansão internacional e a crescente especialização da pesquisa provocaram uma inundação de informações que se volta contra a própria pesquisa. O bibliotecário hoje tem de pensar muito cautelosamente sobre como ele ainda deve armazenar e administrar – e "administrar" significa, neste caso, transmitir – a massa de informações que, entra ano, sai ano, cresce assustadoramente. O pesquisador especializado encontra-se em uma carência de orientação semelhante, assim como a do leigo em relação ao todo, tão logo ele desvie sua atenção para fora da região mais estreita de sua área de trabalho. Mas é exatamente isso que é, frequentemente, necessário para o pesquisador, já que ele não consegue mais solucionar os novos problemas colocados através dos métodos antigos de sua própria ciência – e, completando, isso se torna também necessário para o leigo, que não segue somente informações dirigidas por terceiros para a tomada de sua ação política, mas tem a necessidade de formar a sua própria opinião. Assim, neste elevado fluxo de informações, a orientação é intermediada para o leigo de forma particular, fazendo com que ela não seja imparcial.

Com isso, nós chegamos à segunda área, na qual a ciência hoje se tornou um novo tipo de fator na vida humana: a sua aplicação na própria vida da sociedade. Hoje as ciências sociais estão prestes a alterar, fundamentalmente, a práxis da convivência humana, marcada por tradições e instituições. Com base no atual estado técnico da civilização, a ciência faculta para si o poder de fundamentar também a vida social em bases racionais e de romper o tabu da inquestionável autoridade da tradição. Isso acontece expressamente pelo lado da crítica ideológica, quando acontece de ela procurar transformar a consciência social através de reflexão emancipatória, porque ela vê forças repressivas agindo nas relações de dominação econômica e social. Como essa crítica atinge qualquer pessoa, torna-se ainda mais efetiva a forma silenciosa na qual esferas cada vez mais amplas da vida humana são submetidas ao domínio técnico e a decisão pessoal de cada um e do grupo é substituída por automatismos racionais.

Isso é uma mudança fundamental de nossa vida. E ela se torna ainda mais digna de atenção, menos por se tratar do avanço técnico-científico como tal, mas pela resoluta racionalidade no emprego da ciência, que supera a força da persistência do hábito e todas as barreiras do tipo "concepção de mundo" com renovada isenção. Outrora, os efeitos, à altura dos quais nos haviam colocado as novas possibilidades do avanço científico, foram-nos, por toda parte, limitados por normas que se mantinham válidas em nossa tradição cultural e religiosa de modo inquestionável e evidente. Pensemos, por exemplo, nas emoções que na época haviam sido suscitadas pela polêmica em torno do darwinismo. Passaram-se décadas antes de ter se tornado possível uma discussão desapaixonada e objetiva, e ainda hoje o darwinismo excita os ânimos. É certo que hoje o conhecimento científico natural fornecido por Darwin é incontestável, mas a sua aplicação, por exemplo, à vida social, permanece suspendida por diversas objeções. Sem que, nesse caso, tome-se uma posição em relação à questão objetiva desse problema, se deverá, sim, observar, fundamentalmente, que a aplicação de conhecimentos científicos a áreas, nas quais aquilo que hoje se designa como o autoentendimento do ser humano está em jogo, não somente, com frequência, conduz a conflitos, mas põe em jogo, essencialmente, fatores extracientíficos que defendem seu próprio direito.

Dessa maneira, vê-se hoje a própria ciência em conflito com a nossa consciência humana de valores. Eu me refiro a

18

algo como a horrível perspectiva que foi desenvolvida com base na moderna genética em direção à mudança de genótipo e à reprodução controlada. Isso não possui, de certo, a força dramática que o darwinismo tinha outrora. Também não tem a pavorosa nitidez que teve o emprego de energia atômica para a destruição de vidas humanas em Hiroshima. Mas, na consciência do pesquisador, manifesta-se, desde então, a advertência de que ele possui uma crescente responsabilidade pelo futuro da humanidade.

Quando nos perguntamos como esse estado geral de nossa consciência se reflete nas posições antropológico-filosóficas adotadas por pesquisadores atuais nesses campos, a resposta acaba se tornando bem díspar. Um ponto de vista mais ou menos evidente é a crítica à afirmação tradicional da posição especial do ser humano no cosmos, a qual, diante do progresso do conhecimento científico-natural, mostra-se cada vez mais como um resíduo do preconceito teológico. Isso influi por toda a parte na temática do nosso saber do ser humano, quando se trata da relativa distinção em relação aos animais. Exatamente isso deve ser o motivo de, atualmente, a etologia gozar de uma extraordinária ressonância na esfera pública, outrora já com Uexküll, hoje com Lorenz e seus discípulos.

Ninguém pode hoje imaginar que nós consigamos de fato executar a integração que exigimos para o nosso saber sobre o ser humano. Os progressos do nosso conhecimento estão sujeitos à lei da especialização crescente. A ação do ser humano, quer dizer, a aplicação consciente de seu saber e poder para a conservação da saúde ou também do equilíbrio social, especialmente da paz, carece, evidentemente, de um fundamento científico coerente. É inevitável que se procure fazer haver uma resposta a tal necessidade através de premissas baseadas em concepções de mundo. Analisando o passado, reconhecemos facilmente, o que, da mesma maneira, seguramente passa despercebido no presente, a saber, como determinados conhecimentos fascinantes ascendem à condição de esquema geral de interpretação. Um exemplo para tal é a construção da ciência da mecânica e sua transposição para outras áreas e a correção que foi trazida para esta esfera

Teoria, técnica, prática 19

em grande parte pela cibernética. Mas semelhante caráter dogmático possui também a validade dos conceitos "consciência" e "vontade". Os conceitos de consciência, de autoconsciência e de vontade, na forma conduzida pelo idealismo filosófico, dominaram tanto a teoria do conhecimento como a psicologia do século XIX. Esse é um excelente exemplo para o significado que concepções teóricas podem possuir para a mudança antropológica. Aqui não é o lugar para analisar o dogmatismo presente, por um lado, no conceito de consciência e no conceito de alma, no conceito de representação e de conteúdo mental e, por outro lado, no conceito de capacidade psíquica. Basta que se esclareça que o princípio da autoconsciência – tal como o conceito de síntese transcendental em Kant, que fundamenta a apercepção da posição do idealismo, difundiu-se retornando a Descartes e avançando até Husserl – foi derrubado pela crítica, investida inicialmente por Nietzsche e, depois, estabelecida de diferentes maneiras no nosso século, – por exemplo, através de Freud e Heidegger.

No nosso contexto, essa crítica significa, entre outras coisas, que o papel social diante do auto-entendimento da pessoa passa a ocupar o primeiro plano. O que significa a persistente identidade do eu? Existe, mais fundamentalmente falando, o eu do modo como se manifesta na autoconsciência? De onde cresce nele a continuidade de sua peculiaridade identitária? Trata-se da "luta pelo reconhecimento", descrita por Hegel como a dialética da autoconsciência. Ou – em antítese – a interioridade cristã, como foi fundamentada por Kierkegaard no sentido de "escolha" através do conceito ético de continuidade. Ou o eu é apenas uma instituição unitária secundária entre atuações cambiantes, algo semelhante à contestação de Brecht da legitimidade do antigo conceito dramatúrgico de unidade do personagem em *A boa alma de Setsuan* e também em sua teoria do teatro épico. Também a linha de pesquisa do behaviorismo representa um exemplo da desdogmatização, aqui em questão, da autoconsciência. A renúncia à "adesividade interior do psíquico"[2], que funda-

---

2. Philipp Lersch, 1941.

menta a autoconsciência, significa, positivamente, que aqui são estudados modelos de comportamento comuns entre seres humanos e animais, os quais são completamente inatingíveis por um conceito como o de autoentendimento.

Contudo, a contribuição da antropologia filosófica para a nova ciência do ser humano permanece considerável, mesmo após a teologia da alma e a mitologia da autoconsciência terem sucumbido à crítica. Conforme parece, olhando do ponto de vista da dimensão do estado da pesquisa, a sua contribuição é, diante dos modelos científicos que a cibernética e a física têm para oferecer, ainda de grande fecundidade heurística. É certo que as novas contribuições teóricas e fisiológicas para a relação entre consciência-corpo vivo e alma-corpo físico apresentam uma imponente cautela metodológica e força inventiva. Da mesma maneira, é imponente o suficiente aprender da biologia e da etologia como são contínuas as transições do comportamento animal para o humano e, observando-se puramente do ponto de vista do comportamento, não se pode esclarecer tão facilmente o "salto" para o comportamento tipicamente humano através de particularidades, com as quais o ser humano se diferencia dos outros animais. O avanço da pesquisa revela que a paixão antievolucionista, que foi descarregada na polêmica acerca do darwinismo, já não tem importância atualmente. Mas, precisamente quando o ser humano se aproxima de forma tão próxima do animal, da maneira como os fenômenos permitem e exigem – e isso é extraordinariamente amplo, especialmente nos modos de comportamento –, a posição especial do ser humano se expressa, surpreendentemente, de forma especialmente nítida. É, justamente, em sua plena naturalidade que ele aparenta algo extraordinário, e o fato evidente de que nenhum outro ser vivo refaz seu próprio meio ambiente em um mundo cultural como o ser humano, que, com isso, tornou-se o "senhor da criação", carrega em si uma nova força reveladora extrabíblica. Ela não ensina mais que a alma é uma determinação do além, mas, pelo contrário, que a natureza não é natureza, no sentido de natureza como "matéria submetida a leis" (Kant) que a pesquisa da ciência natural do século passado

Teoria, técnica, prática

nos obrigou a pensar. A "economia da natureza", que era um fecundo conceito teológico condutor na era da mecânica, e ainda hoje encontra vários testemunhos, não é o único ponto de vista para pensar a natureza. A evolução da vida é, da mesma maneira, um processo de enorme desperdício.

O ponto de vista da autopreservação, mas também o da adaptação, perde sua função-chave na pesquisa dos seres vivos. A filosofia das instituições, que Gehlen interpretou como compensação para a deficiente dotação biológica do "animal não determinado" – o ser humano, na acepção de Nietzsche –, também é atingida por isso. Contribuições de biólogos, etnólogos, historiadores e filósofos concordam entre si em relação à ideia de que o ser humano não é humano por dispor de uma dotação complementar que o vincula a uma ordem do além (conceito de espírito em Scheler), mas também porque o ponto de vista da carência do ser não basta para esclarecer sua distinção. Essa diferença parece ser, antes, a riqueza de suas capacidades e estruturas para percepção e movimento, cujo desequilíbrio o caracteriza. Plessner[3] denominou-a sua "excentricidade". O ser humano é caracterizado por se comportar em relação a seu próprio corpo e, além disso, também por poder transcender de modo desejante e atuante a formação natural de sua vitalidade, por exemplo, no comportamento para com seus congêneres e, especialmente, através da "invenção" da guerra. Aqui também a psicologia moderna volta a ter uma posição significativa, precisamente porque ela combina os métodos de pesquisa das ciências naturais e sociais com as ciências hermenêuticas e testa os mais diversos métodos num mesmo objeto de pesquisa.

Da excêntrica constituição da vitalidade humana resultam, então, os modos diferenciados, nos quais o ser humano aperfeiçoa sua excentricidade e os quais nós chamamos de sua cultura. Os grandes temas da economia, direito, língua e religião, ciência e filosofia não apenas são testemunhos de

---

3. PLESSNER, H. *Philosophische Anthropologie.* Organização e posfácio de G. Dux. Frankfurt sobre o Meno, 1970, p. 47-49.

vestígios temático-objetivos deixados pelo ser humano, mas, antes, são apoiados pelo conhecimento que o ser humano adquire de si mesmo e a si mesmo transmite. Plessner resume tudo isso na versão de que o homem "se incorpora". É disso que surge e se espalha aquela outra fonte de saber da humanidade, a qual antecede à ciência natural e forneceu e marcou para o pesquisador naturalista suas diversas contribuições para o saber sobre o ser humano como tema. Pois é em virtude deste saber do ser humano de si mesmo que a "ciência", que procura reconhecer tudo o que seja possibilitado pelos seus meios metodológicos, confronta-se, de uma maneira especial, com o tema "ser humano". A sua tarefa da busca pelo conhecimento apresenta-se, continuamente, como uma tarefa inacabada em direção ao sem fim.

O que é esse saber do ser humano de si mesmo? É possível entender o que seja "autoconsciência" através dos meios científicos? Trata-se de uma objetificação teórica do seu eu, que se deixa comparar com o modo da objetificação, a qual possui algo como uma obra ou instrumento que podem ser projetados antecipadamente pelo ser humano de acordo com um plano arquitetônico? É evidente que não. É certo que mesmo a consciência humana, de uma maneira complicada, ainda pode ser feita objeto da pesquisa científica natural. A teoria da informação e a técnica mecânica podem ser fecundas para o estudo do ser humano, esclarecendo o modo funcional da consciência humana através de seus modelos. Mas essa construção de modelos não pretende dominar cientificamente a vida orgânica e consciente do ser humano. Ela se satisfaz em evidenciar, através da simulação, o mecanismo altamente complicado que permite a reação vital e especialmente a consciência humana. Pode-se então perguntar se isso não é apenas a expressão de que a cibernética ainda se encontra nos seus primórdios e, por isso, a sua verdadeira tarefa, a do conhecimento científico natural de sistemas tão altamente complicados, ainda não tenha crescido. Parece-me, porém, conveniente, imaginar uma cibernética plena, para a qual a diferença entre máquina e ser humano tenha, de fato, caducado. Nosso saber sobre o ser humano teria então de se completar para ser capaz de realizar tais homens-máquinas.

Teoria, técnica, prática

Em relação a isso é de se considerar a advertência de Steinbuch de que, fundamentalmente, "não há conhecimentos da teoria dos autômatos ou da teoria da linguagem, os quais poderiam possibilitar algum tipo de diferenciação entre o que os seres humanos são capazes e o que os autômatos *não* são capazes".

Mas não se trata aqui do poder de máquinas e do poder daqueles que utilizam máquinas. Trata-se de o que os seres humanos querem com seu poder. Uma máquina "é capaz" também de querer? Mas isso significaria também não querer aquilo que ela "é capaz"? Em outras palavras, o autômato completo é o ideal de um ser humano útil? De fato, ele é sim, no processo de trabalho em vários lugares, um substituto ideal para a força de trabalho humano, e um dos grandes problemas do futuro poderia se tornar – como o foi na época após a introdução do tear mecânico – a inserção da convivência com essas máquinas na vida econômica e social.

É nessa medida que a automatização afeta a práxis social – mas, por assim dizer, a partir do seu lado externo. Ela não reduz a distância entre ser humano e máquina, mas antes torna visível a impossibilidade da supressão de tal distância. Mesmo o mais útil dos seres humanos continua sendo um semelhante para aquele que o utiliza, e possui um saber de si mesmo, o qual não é apenas uma autoconsciência de seu poder, como a pode possuir a máquina ideal que controla a si mesma, mas uma consciência social que determina tanto aquele que dele precisa como ele mesmo – dito de outra maneira: uma consciência social que determina todos os que ocupam um lugar no processo social do trabalho. Até mesmo o simples beneficiário, ainda que indiretamente, possui tal lugar.

Assim se esclarece, a partir do encerramento da técnica plena, aquilo que desde o seu princípio foi o verdadeiro sentido humano de "práxis". Ele se caracteriza por aquela possibilidade do comportamento humano que nós designamos "teórico". Essa possibilidade pertence à constituição básica da práxis humana, a qual sempre formou a ideia que o poder e o saber humanos não são adquiridos somente através do aprendizado e da experiência – trata-se da emancipação dos meios para tornarem-se o instrumento, o que potencializa a capacidade de aprendizagem humana e transmite seu ser-capaz-de-fazer através das gerações. Nisso está implicado o domínio consciente de contextos causais, domínio o qual permite conduzir o próprio comportamento de forma planificada. Mas isso também exige o ordenamento consciente num sistema de objetivos. Da mesma maneira, considerar-se-á que a outra afirmação da pesquisa moderna está em conformidade com os mais antigos conhecimentos do pensamento grego, de que a linguagem humana se diferencia fundamentalmente do sistema semiológico da comunicação animal na medida em que ela consegue objetivar os fatos e os seus nexos – e isso significa, ao mesmo tempo, torná-los antecipadamente visíveis para qualquer tipo diferente de comportamento. Disso depende a utilização de meios para diferentes fins e a utilização de diferentes meios para o mesmo fim, mas também a ordem de preferência dos próprios fins.

Assim, poder se comportar teoricamente pertence à práxis do ser humano. É evidente que foi o dom de "teorizar" que permitiu ao ser humano ganhar distância dos objetos diretos dos seus desejos, inibir sua cobiça, como chamou Hegel, e, com isso, justificar um "comportamento objetivo", que se desenvolve tanto na produção de instrumentos como na linguagem humana. Nele surge, como um distanciamento ulterior, a possibilidade de ordenar todo o seu fazer e o seu deixar-fazer como algo social, tendo em vista os objetivos da sociedade.

É claro que, já na mais simples relação entre saber e fazer, há um problema de integração. Pelo menos desde que há a divisão do trabalho, o saber humano se desenvolve de tal maneira que assume o caráter da especialização, a qual tem de ser aprendida expressamente. Com isso, a práxis se torna um problema: um saber, que pode ser transmitido independente da situação da ação e, assim, passível de ser segregado do contexto prático da ação, deve ser aplicado em cada nova situação da ação humana. Então, o saber prático geral humano, o qual intervém de forma determinante nas decisões práticas dos seres humanos, não é separável dos conhecimentos intermediados pelo saber especializado. Sim, e mais, no sen-

Teoria, técnica, prática

tido ético é inteiramente obrigatório saber, em toda a medida exigível, e isso significa hoje também estar informado através da "ciência". No momento em que foi estabelecida, a famosa diferenciação de Max Weber entre ética da convicção e ética da responsabilidade foi decidida em favor da última. Assim também nunca se pode excluir do círculo prático de interesses do ser humano toda a abundância de informações que a ciência moderna, a partir de seus aspectos parciais, pode apresentar sobre o ser humano. Contudo, o problema reside exatamente nesse aspecto. De fato, todas as decisões práticas do ser humano dependem do seu saber geral, mas na aplicação concreta desse saber há uma dificuldade concreta. É tarefa do juízo (e não novamente de um ensinamento ou aprendizagem) reconhecer, em uma dada situação, o caso de aplicação de uma regra geral. Essa tarefa encontra-se em todo o lugar, onde um saber, em geral, deva ser aplicado, e é, em si, irrevogável. Porém, existem áreas do comportamento prático, nas quais essa dificuldade não se agrava de forma conflitante. Isso vale para toda a área da experiência técnica, isso quer dizer, a do ser-capaz-de-fazer. Nela, o saber prático adquirido pela experiência constrói-se, passo a passo, com base na tipificação encontrada na experiência. O saber geral que a ciência adquire, o qual compreende os motivos desses processos, pode ir em direção a ele mesmo e servi-lo como corretivo, mas não o torna prescindível.

Mas já nesse, que é um dos mais simples casos de um saber direcionado à produção, o qual carrega em seu conceito dois lados, o de saber e o de ser-capaz-de-fazer, podem aparecer tensões. E esta simples relação entre "saber teórico" e ação prática ultradilata-se cada vez mais sob as condições do funcionamento moderno da ciência. Com a expressão *funcionamento da ciência* já surge a palavra-chave que indica a diferença qualitativa existente na comentada ultradilatação do relacionamento entre saber e ação.

A institucionalização da ciência como empresa pertence ao amplo contexto da vida econômica e social na era industrial. Não apenas a ciência é uma empresa, mas todos os processos de trabalho da vida moderna são organizados de ma-

26   O caráter oculto da saúde

neira empresarial. A parte isolada é ajustada, com um determinado desempenho, num todo empresarial maior, o qual, por seu lado, possui uma função exatamente prevista na organização altamente especializada do trabalho moderno; isso significa, porém, ao mesmo tempo, uma função sem uma orientação própria sobre o todo. As virtudes da adaptação e ajustamento a tais formas racionais de organização são respectivamente cultivadas e a autonomia da formação do juízo e a autonomia da ação de acordo com o próprio juízo são respectivamente descuradas. Isso se fundamenta no curso da civilização moderna e permite que se formule uma regra geral: quanto mais racionais as formas de organização da vida são modeladas, tanto menos é praticada e ensinada a capacidade racional de julgamento. A moderna psicologia do trânsito, para se ilustrar com um exemplo, conhece os perigos que se encontram na automatização da regulamentação do trânsito, na medida em que o motorista encontra sempre menos ocasiões para a decisão autônoma e livre e, dessa maneira, desaprende cada vez mais a tomar tais decisões de maneira sensata.

A tensão entre saber teórico e aplicação prática, a qual se encontra no centro da questão, é, por seu lado, sempre vencida, na medida em que a ciência faz também com que a política de aplicação na respectiva área seja um tema e a trata como ciência aplicada. A mais alta representação total daquilo que designamos técnica possui esse caráter de ser ciência aplicada. Mas a tensão não desaparece com isso de modo algum, mas sim aumenta, como a regra acima citada faz notar. Pode-se formulá-la agora também da seguinte forma: quanto mais intensivamente a área de aplicação é racionalizada, mais falta o próprio exercício do juízo e, com isso, a experiência prática no seu verdadeiro sentido.

Esse é um processo de dois lados, já que se trata também de uma relação entre produtor e consumidor. A espontaneidade daquele que faz uso da técnica é, na verdade, precisamente através dessa técnica, cada vez mais interrompida. Ele tem de se submeter às leis dos respectivos temas dessa técnica e nisso renunciar à "liberdade". Ele se torna dependente do correto funcionamento da técnica.

Teoria, técnica, prática

Mas a isso se acrescenta ainda uma outra bem diferente falta de liberdade daquele que é desse modo dependente. Há a produção artificial de necessidades, sobretudo através da publicidade moderna. Trata-se, fundamentalmente, da dependência dos meios de informação. A consequência dessa situação é que tanto o profissional que adquire novas informações, como também o publicista, quer dizer, o informador informado, tornam-se um fator social próprio. O publicista está informado e decide até que ponto outros devem ser informados. O profissional representa, da mais completa maneira, uma instância intangível. Quando somente o profissional pode emitir um juízo e quando somente profissionais podem julgar um fracasso que surge ou um erro do próprio profissional – como os "erros técnicos" do médico ou do arquiteto –, significa que tal área se tornou, em certo sentido, autônoma. O apelo à ciência é irrefutável.

A inevitável consequência é que se acaba recorrendo à ciência bem além da medida na qual ela de fato é competente. A isso pertence também a área evidente de sua própria aplicação. É um mérito do sociólogo americano Freidson ter evidenciado a "autonomização" que se dissemina em profissões práticas, e especialmente na profissão médica, através do apelo à ciência. Ele destacou, corretamente, especialmente no capítulo *The limits of professional knowledge*, que a ciência médica pura como tal não é competente para a prática aplicação de seus conhecimentos, porque nessa aplicação contam outras coisas bem diferentes, como representações de valores, hábitos, preferências e até mesmo interesses próprios. Do ponto de vista da ciência, adotado pelo autor com todo o rigor da "racionalidade crítica", nem mesmo o apelo à *wisdom* (sabedoria) é válido. Freidson vê nisso nada além da atitude autoritária do especialista, o qual se defende da objeção do leigo. Essa é, naturalmente, uma perspectiva bem unilateral, que leva ao extremo um critério de ciência objetiva. Mas a crítica exercida nas pretensões sociopolíticas do especialista pode ser saudável também no caso de tal apelo à *wisdom*. Ela defende o ideal da sociedade livre. Nela o cidadão tem, de fato, o direito de não ser desencorajado pela autoridade do especialista. Isso tudo possui especial atualidade na área da ciência e da arte médica. Nela já se vacila na designação da disciplina, e a compreensão oferecida, por exemplo, pela história da medicina sobre a tensão da relação desse tipo é especialmente impressionante. Isso se relaciona à peculiaridade da arte de curar, que, de forma mais intensa que as próprias artes da produção do artificial, tem sua tarefa no restabelecimento de algo natural. É exatamente por aqui se tratar, apenas em dimensão limitada, de técnica, quer dizer, do fazer algo artificial (desde sempre na odontologia e surpreendentemente cedo também já na cirurgia), que cabe ainda hoje ao juízo do médico um setor especialmente amplo da sua atividade. Tudo aquilo que chamamos de diagnose é, na verdade, de um ponto de vista formal, a subsunção de um caso dado dentro do aspecto geral de uma doença, mas a verdadeira arte encontra-se precisamente no "conhecer separando", que é o sentido real da diagnose. Seguramente são necessários também saberes médicos geral e especial. Mas esses não bastam. Erro de diagnose e falsa subsunção não são atribuídos abertamente à ciência, mas à "arte" e, em última instância, ao juízo do médico.

Ocorre que o ofício do médico se caracteriza, sobretudo, não apenas por ter de manter ou restabelecer o equilíbrio natural, como é o caso, por exemplo, da agricultura ou da pecuária, mas por ter como objeto aqui seres humanos que devem ser "tratados". Isso limita novamente a área da competência científica do médico. Nesse aspecto, seu saber é fundamentalmente outro que o saber do artesão, o qual pode defender facilmente sua competência contra a objeção do leigo. Ao ter êxito na realização da sua obra, esse saber e ser-capaz-de-fazer são confirmados. Além disso, o artesão age por incumbência e, em última instância, o uso do seu produto fixa-lhe os critérios do seu trabalho. Enquanto a tarefa for clara, ele possui competência ilimitada e indiscutível. De certo, isso ocorre raramente no caso de arquitetos ou alfaiates, já que o cliente raramente sabe, de fato, o que ele quer. Mas, fundamentalmente, a incumbência de uma tarefa, assim com a sua aceitação, é uma ligação que conecta ambos os contraentes com suas obrigações e se identifica com a inequivocidade de uma obra produzida.

Para o médico, pelo contrário, não há uma obra demonstrável desse modo. A saúde do paciente não tem essa mesma validade. Embora ela seja, naturalmente, o objetivo da atividade médica, ela não é propriamente "feita" pelo médico. Mas deve-se acrescentar a isso uma outra diferença: o objetivo, a saúde, não é um fato social, ela, bem mais que um fato determinado pelas ciências naturais, é também um fato psicológico-moral. Tudo o que, outrora, fazia do médico um amigo da família, remete a elementos de eficiência médica, dos quais nós hoje, com frequência, sentimos dolorosamente falta. Mas ainda hoje o poder de convicção do médico e a confiança e colaboração do paciente representam um importante fator de cura, que pertence a uma dimensão bem diferente daquela do efeito físico-químico de medicamentos no organismo ou da "intervenção"[4] cirúrgica.

O exemplo do médico apresenta, porém, com especial clareza, como se agrava a relação entre teoria e práxis sob as condições da ciência moderna. Nisso está, inicialmente, a diagnose, que coloca em jogo hoje uma técnica tão especializada, restando ao médico, normalmente, nenhuma outra alternativa senão expor o paciente ao anonimato do aparato clínico. E algo semelhante acontece também, muito frequentemente, com o tratamento. Isso tem suas consequências para o todo. Em comparação com o médico da família, da antiga linha, a experiência prática do médico clínico, que só assiste o paciente, em geral, no estágio clínico, é inevitavelmente abstrata. Isso também é válido, conforme foi dito, para o médico prático de hoje, mesmo que ele ainda mantenha as consultas domiciliares, ele poderá adquirir apenas um volume reduzido de experiência. Assim, o exemplo nos ensina que a capacitação de técnicas práticas até que, de fato, diminui, momentânea e aparentemente, a distância entre o saber geral da ciência e a decisão certa, mas que, antes, aumenta a diferença qualitativa entre o saber prático e o saber da ciência. Justamente por as técnicas aplicadas serem indispensáveis, tornam-se reduzidas as esferas de juízo e experiência, das quais são tomadas as decisões práticas. Aquilo que a medicina mo-

---

4. Cf. adiante p. 40ss.

derna é capaz de realizar é de grande imponência. Mas apesar de todos os progressos trazidos pelas ciências naturais para o nosso saber sobre doença e saúde, e apesar de tudo o que foi aplicado na técnica racionalizada do diagnóstico e do tratamento que se desenvolveu nessa área, a esfera do não racionalizado nesse campo é especialmente ampla. Isso se torna evidente em razão de, ainda hoje, como sempre o foi, o conceito do médico bom ou ainda do genial ter muito mais daquela ressonância valorativa que pensamos ao caracterizar um artista, do que de um homem de ciência. Assim, aqui, menos do que em qualquer outro aspecto, poder-se-á negar o caráter insubstituível e indesviável da experiência prática. O apelo à *wisdom*, a pretensão de ser um médico "sábio", pode ser sempre, lá onde é exigido, um meio de coação ilegítimo – isso vale em toda a parte, onde se apela à sua "autoridade". Mas como se revela um estado elevado de cegueira considerar, por causa disso, a própria autoridade como algo ilegítimo, que se devesse antes substituir por formas de decisão "racionais" – como se pudesse em algum dia eliminar o peso da autoridade legítima em alguma forma de organização do convívio humano –, assim, a parte, através da qual a "experiência" faz a sabedoria, precisamente no caso do médico, mas não somente no seu caso, é tão incomprovável como convincente.

Encontrar-se-á em todas as áreas de aplicação prática de regras, e isto pertence sim a toda "práxis", o fato de quanto mais alguém "dominar" seu ser-capaz-de-fazer, tanto mais liberdade em relação a este ser-capaz-de-fazer ele possuirá. Aquele que "domina" sua arte não precisa provar para si nem para outros sua superioridade. É uma antiga sabedoria platônica, a de que o verdadeiro ser-capaz-de-fazer também possibilita justamente a tomada de distância dessa capacidade, de modo que um mestre em corridas é também o que pode correr "lentamente" da melhor forma, aquele que sabe é também aquele que mente da maneira mais segura, etc. O que Platão quer dizer, mesmo sem o declarar, é que essa liberdade face ao próprio ser-capaz-de-fazer libera somente para o ponto de vista da verdadeira práxis, a qual ultrapassa a competência do ser-capaz-de-fazer – aquilo que Platão designa como "o bem", que determina nossas decisões prático-políticas.

Teoria, técnica, prática   31

Justamente no contexto da arte médica também se fala de "dominar" ainda de um outro modo. O médico "domina" não apenas sua arte (como todo aquele que sabe fazer). Da ciência médica também se diz que ela "domina" determinadas doenças ou aprende a dominá-las. Nisso se manifesta o caráter especial do ser-capaz-de-fazer médico, não que ele "faz" e "produz", mas que ele contribui para a recuperação do doente. "Dominar" uma doença significa, então, conhecer e poder guiar o seu curso – e não ser senhor da "natureza" a ponto de que se pudesse simplesmente "retirar" a doença. Todavia, também se fala dessa maneira lá onde a medicina mais se aproxima de uma arte técnica: na cirurgia. Mas mesmo o cirurgião sabe que "intervenção é intervenção" e, desta maneira, na "prescrição", ele terá sempre também de vislumbrar mais além daquilo que a sua competência médica abrange e, quanto mais segurança ele tiver no "domínio" de sua arte, tanto mais livre ele se posicionará em relação a ela, não apenas na esfera de sua própria "práxis" médica[5].

O esclarecimento do contexto metodológico interdisciplinar, no qual o pesquisador isolado se move, será apenas excepcionalmente produtivo para ele. Com isso, não se quer negar que uma das inevitáveis consequências da organização moderna de pesquisa seja que o horizonte do especialista se prenda à situação metódica e intelectual de sua especialidade. Trata-se de fazer valer as expectativas e especulações do leigo – e leigo também é o pesquisador nas suas disciplinas vizinhas – frente à cuidadosa e provisória pesquisa em sua verdadeira essência. Estar consciente do aspecto processual, quer dizer, do aspecto provisório e da respectiva limitação daquilo que a ciência sabe, é um corretivo especial. Através disso, a ciência pode combater a superstição de que ela poderia eximir o indivíduo da responsabilidade pela sua própria decisão prática.

---

5. Em trabalhos mais recentes também tratei os problemas aqui apresentados. Para conferir o último destes trabalhos: *Leiberfahrung und Objektivierbarkeit* (1987); no presente livro cf. p. 77-90.

32 O caráter oculto da saúde

Perguntar-se-á: a ciência moderna não faz isso de fato ao pesquisar cada vez mais áreas e, com isso, torná-las cientificamente domináveis? E certamente é verdade que lá, onde a ciência sabe alguma coisa, o saber leigo perde sua legitimidade prática. Contudo, também é certo que toda a ação prática sempre acaba ultrapassando novamente aquela área. Como vimos, isso também é válido para o próprio especialista, quando ele, graças à sua competência, deve se tornar ativo de forma prática. As consequências práticas de seu saber não voltam, pois, a se submeter, elas mesmas, à sua competência científica. Mas isso vale, ainda mais, para a grande área das decisões humanas no espaço da família, da sociedade e do Estado, às quais o especialista não tem nenhum saber suficiente, relevante na prática, para oferecer. Tais decisões cada um deve tomar "de acordo com o melhor do seu saber e consciência".

Assim, voltamos a questionar: qual é o ganho produzido pela aquisição de saber sobre os seres humanos para o saber do ser humano dele mesmo? O que isso pode produzir na prática? A resposta preferida atualmente a tais perguntas fala de "mudança de consciência". De fato, pode-se imaginar tal mudança, por exemplo, no médico, no professor e talvez em qualquer outro profissional, a saber, que ele lembre dos limites do seu conhecimento especializado e esteja disposto a reconhecer experiências que sejam desconfortáveis para o próprio interesse do pesquisador, como aquelas de responsabilidade social e política, as quais surgem em toda profissão, na qual outros tornam-se dependentes de alguém. Desde que os efeitos aterrorizantes da guerra nuclear penetraram na consciência geral, o lema da responsabilidade da ciência ganhou uma grande popularidade. Mas o fato de o profissional não ser apenas profissional, mas um ator com responsabilidade social e política, não é algo essencialmente novo. Já o Sócrates platônico perdeu a vida ao esclarecer que o profissional não dava conta de sua responsabilidade. Assim, a antiga reflexão moral-filosófica já se questionava até que ponto vai tal responsabilidade, frente à imprevisibilidade de uso e abuso que podem ser praticados com os produtos da arte artesanal. Ela procurava sua resposta na área da "filosofia prática", submetendo todas as "artes" à "política". Hoje isso seria necessário no plano mundial, porque todo o ser-capaz- de-fazer científico, sob o domínio da ordem econômica vigente, transforma-se, incessantemente, em técnica, tão logo haja a promessa de algum lucro.

Pode-se também descrever a mudança da seguinte maneira: o desenvolvimento da formação de consciência social-política não esteve à altura do esclarecimento científico e do progresso técnico na nossa civilização. Ao mesmo tempo, as imensamente elevadas possibilidades de aplicação que a ciência colocou à disposição para a formação e desempenho da sociedade encontram-se ainda na etapa inicial. Assim, tem-se de afirmar que o avanço tecnológico atinge uma humanidade despreparada. Ela oscila entre os extremos de uma resistência emocional ao novo sensato e uma não menos emocional pressão para "racionalizar" todas as formas e esferas da vida – um desenvolvimento que, cada vez mais, assume a forma amedrontadora de uma fuga da liberdade. Desse modo, agrava-se a questão sobre até que ponto a própria ciência não deve assumir para si a corresponsabilidade pelas consequências de sua aplicação. E permanece o fato de que a consequência lógica imanente da pesquisa possui um caráter próprio de necessidade. Nesse aspecto reside o direito imprescindível da exigência de liberdade de pesquisa. É evidente que a pesquisa somente pode progredir sob o risco de também provocar a fatídica experiência do aprendiz de feiticeiro. Todo aumento de conhecimento é imprevisível em relação a seu significado e às suas consequências.

De modo que não se deve falar seriamente sobre carregar a ciência, como tal, com a responsabilidade pelas consequências de seus progressos. Por si só isso teria efeitos indesejáveis: receio frente à responsabilidade, preferência às vias "seguras" do pesquisar, burocratização, etiquetagem superficial e, por fim, uma atividade científica vazia. No entanto, é verdade que a ciência vem, crescentemente, ganhando influência na nossa vida e, por isso, as consequências da pesquisa sempre possuem grande significado humano. Basta lembrar, por exemplo, o desenvolvimento do adubo e do conservante quí-

34 O caráter oculto da saúde

mico, o problema dos resíduos (não apenas no caso da produção de energia atômica, mas também no consumo de materiais plásticos) ou a poluição da água e do ar. Até que ponto a ciência deve assumir a responsabilidade por isso?

É evidente que, em relação a essa questão, a ciência não pode ser responsável por nada mais além daquilo pelo qual ela mesma sempre foi responsável: reconhecer em todas essas coisas tarefas para pesquisa, pondo-se a executar a tarefa, e, com isso, servir ao domínio científico e prático dos problemas, os quais foram criados pela própria ciência e sua aplicação. Por isso, coloca-se a questão se não deveria haver metaciências, como futurologia, ciências de planejamento, etc., que teriam a função extra de levar a cabo essa tarefa. Mas, em todo o caso, com isso apenas se deslocaria, mais uma vez, a posição da decisão final. Em outras palavras: controlar a aplicação daquele nosso ser-capaz-de-fazer, que é possibilitado cientificamente, não é tarefa da ciência, mas permanece como uma tarefa da política. Ao contrário, também, não é tarefa da política, mas da ciência, controlar suas próprias necessidades, investimentos de tempo e dinheiro, etc. Em última análise, essa é a função da crítica científica.

Também dessa perspectiva, a relação entre teoria e práxis é hoje, por certo, extremamente confusa. O interesse teórico (e a base vital para o "ócio") não basta, quando se considera que o próprio funcionamento da ciência apresenta um todo dispendioso e com base na divisão do trabalho. Num sentido mais amplo, a pesquisa necessita da política. Mas, por outro lado, o político – e qualquer um é político, na medida em que participe das decisões políticas através da ação ou da não ação – está cada vez mais dependente da informação científica. Isso faz com que o pesquisador tenha uma crescente responsabilidade diante do crescente significado que os resultados de suas pesquisas possam ter. Ele tem de tornar convincente a necessidade desses resultados. Para isso, ele tem de recorrer à capacidade geral de juízo. Mas ele mesmo tem de possuir tal capacidade, a fim de controlar, em si, seu próprio egoísmo profissional. Nesse aspecto, a voz do pesquisador, o qual revê a sua obra e reflete sobre o seu signi-

Teoria, técnica, prática   35

ficado antropológico, pode pressupor um interesse crescente de todos, cuja consciência social e política necessite da informação através da ciência. A pergunta geral, expressa na interrogação *o que se pode hoje afirmar sobre os problemas da práxis humana do ponto de vista da ciência?*, está ligada a uma outra pergunta: *Quais consequências prático-políticas os expoentes da pesquisa tiram de seus conhecimentos científicos?* No que diz respeito a esta última pergunta, deve-se esclarecer que as perspectivas do pesquisador competente são, é verdade, caracterizadas pelo seu nível de informação, mas, considerando os aspectos práticos e políticos, não podem ambicionar a mesma competência das informações enquanto tais. Elas são apenas contribuições para a reflexão prática e decisão, como qualquer um tem de tomar sob sua própria responsabilidade.

Com isso, não se pretende apoiar a bem-intencionada distinção entre "informação" e "concepção influenciada por considerações prático-políticas". O conceito de informação desenvolvido pela cibernética conduz, antes, a uma problemática própria, tão logo se trate de um saber prático do ser humano. Temos aqui um problema antropológico. Nós conhecemos esse problema como a tarefa prática de receber as informações corretas. Toda máquina que armazena informações realiza, com isso, uma determinada escolha que corresponde exatamente à programação. Assim, ela sempre pode, novamente, eliminar informações que lhe fluem. No entanto, ela não esquece de nada. Pode-se talvez pensar que isso seja uma enorme vantagem, já que se tem, tão frequentemente, motivos para reclamar dos limites da memória humana. Porém, a máquina que nada esquece não pode, com essa capacidade, também lembrar de alguma coisa. Esquecer não é, pois, eliminar, e também não é simplesmente armazenar. É um tipo de latência que mantém sua própria presença. Tudo depende da peculiaridade dessa presença, pois, seguramente, uma informação armazenada, a qual se pode retirar da máquina, também tem um tipo de presença na latência. Mas é exatamente nesse aspecto que se encontra a diferença. A máquina pode, de fato, representar bem o fato neurofisiológico chamado *mneme*. Ela poderá também (talvez um dia) representar o processo neuro-fisiológico da "lembrança" (procurar e encontrar) – ou da lembrança "passiva", que acontece através de uma "ideia que surge". É nessa medida que ela "esclarece" o esquecer e o lembrar. Porém, ela mesma não "pode" fazer isso – justamente porque esquecer não é "ser-capaz-de-fazer".

Isso pode ser esclarecido ao leigo através do exemplo de um índice de palavras. O grande crédito de um índice mecânico é a sua plenitude. Ele fornece a garantia de que nada foi esquecido ou negligenciado. É claro que se percebe, rapidamente, que tal plenitude também tem suas desvantagens práticas. Uma palavra que apareça frequentemente ocupa várias páginas do índice e, desta maneira, provoca uma forma própria de ocultamento, dificultando o acesso àquilo que se procura. Diz-se, então, que uma palavra procurada se torna reconhecida somente dentro do contexto. Assim, o índice do contexto é o próximo passo para a aproximação da utilização prática de um índice mecânico. Mas também a ideia do contexto é, por sua vez, executável apenas de uma forma abstrata isolada. O contexto "mental", sob o qual o usuário concreto procura, de fato, a sua palavra, não é, com isso, passível de uma caracterização; considerando-se que tal índice seja objetivo e atinja a plena objetividade do texto dado. Considerando-se que o índice selecionado signifique uma interpretação subjetiva do texto; considerando-se que isso seja apontado como falha por cada usuário individual. Contudo, por isso mesmo, o usuário não encontrará o índice "pleno", mas somente aquele índice que corresponde ao seu próprio ponto de vista subjetivo, e esse é aquele que ele próprio organiza. Pois apenas um índice com essa característica é selecionado de modo que possa "lembrar" potencialmente de todos os seus dados. Mas o que acontece é o seguinte: o usuário "lembra" – e isso a apresentação através do índice do contexto da máquina não pode fazer, porque ele não revela novamente, em si, vestígios individuais de lembrança, mas sim oferece, necessariamente, tudo o que ele "sabe". A questão é se isso auxilia o usuário, oferecendo-lhe novas observações. Haverá tais casos. Mas haverá também o caso contrário, o de se consultar, enquanto se deveria ler.

Teoria, técnica, prática 37

O exemplo é o caso especial de um problema geral. Aquilo que o pesquisador, na prática de pesquisa, entende por fazer informação, ao selecionar, eliminar, esquecer, amadurecer e modificar considerações, tem sua plena correspondência na dimensão total da prática humana. Informações têm de ser trabalhadas através de seleção, interpretação e avaliação. Tal processamento, porém, já será sempre desempenhado antecipadamente quando a informação atingir a consciência prática do ser humano. O conceito de informação, empregado pela teoria de informação, não é apropriado para descrever o processo de seleção, através do qual uma informação se torna expressiva. As próprias informações, com as quais o profissional estrutura seu ser-capaz-de-fazer, são elaboradas "hermeneuticamente" através da lógica da pesquisa, quer dizer, elas já são limitadas àquilo que devem responder, porque depois será perguntado. Isso é um elemento estrutural-hermenêutico de toda a pesquisa. Aquelas informações, no entanto, não são, em si mesmas, saber "prático". Tudo isso, pois, modifica-se, na medida em que o próprio saber prático do ser humano se torna objeto da ciência. Essa já não é mais uma ciência que seleciona como objeto de sua pesquisa o próprio ser humano – essa ciência acolhe como objeto, antes, *o saber* do ser humano de si mesmo, o qual é transmitido pela tradição histórica e cultural. Na Alemanha, em virtude da tradição romântica, isso é designado "ciências do espírito" (*Geisteswissenschaften*)[6]. As expressões de outras línguas como *humanities* ou *lettres* são mais claras, na medida em que também se reflete em palavras a diferença com que a experiência ocorre cá e lá. É verdade que nessas ciências a metodologia da pesquisa científica é, fundamentalmente, a mesma que em qualquer outra ciência. Mas o seu objeto é outro – por um lado, o humano, que se manifesta de forma "objetiva" nas criações culturais da humanidade como economia, direito, linguagem, arte e religião, por outro lado, relacionado ao

---

6. Termo empregado na Alemanha por oposição a ciências naturais, do mesmo modo como no Brasil se emprega a diferenciação entre ciências humanas e ciências naturais (N.T.)

38   O caráter oculto da saúde

anterior, o saber do ser humano expresso em textos e testemunhos orais registrados.

O saber assim transmitido não é, de fato, do mesmo tipo e categoria das ciências naturais e também não é algo como uma simples extensão para além dos limites de conhecimento dessas ciências. Assim, o pesquisador das ciências naturais, que exige exatidão, pode imaginar as *humanities*, injustamente, como "saber inexato". Isso possui a verdade das vagas noções que se designa "compreensão" através de "introspecção". Na realidade, trata-se de um outro tipo bem diferente de ensinamento que recebemos sobre os seres humanos através das "ciências do espírito". Aqui se manifesta, imponentemente, a imensa diversidade daquilo que é o humano. A antiga diferenciação científico-teórica entre esclarecer e compreender ou entre métodos nomotético e idiográfico não basta para mensurar a base metodológica de uma antropologia. Pois o que se expressa em concreta particularidade, na medida em que pertença ao conhecimento histórico, não interessa na condição de particular, mas como "o humano" – mesmo que sempre se torne visível apenas em acontecimentos individuais. Tudo o que é humano refere-se não apenas ao humano geral, no sentido da peculiaridade do ser humano em comparação com outras espécies de seres vivos, especialmente os animais, mas abrange também a ampla perspectiva sobre a diversidade do ser humano.

Sem dúvida, sempre existe aí a presença de um conceito de norma não declarado, a partir do qual se articula o conjunto das notáveis variações e desvios daquilo que se espera do ser humano e se considera valioso. Todas as decisões práticas ou políticas que determinam a ação do ser humano são determinadas normativamente e exercem, por seu lado, um efeito determinado normativamente. Assim, a transformação histórica mantém-se em curso duradouro. Evidentemente que o saber, auferido com os resultados da pesquisa, desempenha aí um importante papel. Mas isso não é uma relação unilateral. São muitas as influências recíprocas entre o humano, investigado de modo científico através da pesquisa antropológica, e aquela concepção de valor, controversa em si mesma e relativa. Eu não me refiro apenas a tais fatos como o de que o pesquisador nem sempre pode abandonar suas expectativas de valores, ou de que ele irá interpretar suas descobertas, frequentemente, sob a pressão de preconceitos inconvenientes – volto a lembrar da polêmica do darwinismo em torno da pesquisa social –, essas são falhas a serem superadas respectivamente com o progresso da pesquisa. De modo semelhante, o pesquisador nem sempre estará livre do prazer inverso de desiludir as ideias tradicionais –, também isso o tornará parcial. Mas isso também é válido no seu aspecto positivo. No entanto, há antecipações intuitivas de conhecimento, como o saber de métodos de cura do *homo religiosus*, que, frequentemente, demonstra importância ao médico, ou o "saber" do poeta, que pode se antecipar ao saber do psicólogo, do sociólogo, do historiador ou do filósofo. Em resumo, a representação normativa do ser humano, a qual, ainda de forma incompleta e vaga fundamenta todo comportamento humano social, nunca é passível de ser totalmente desconsiderada, não somente na pesquisa – essa representação não deve nunca, em qualquer outro caso, ser totalmente desconsiderada. É o que, em verdade, faz com que a ciência seja uma experiência para o ser humano. Tudo o que a razão científica pode desempenhar, tentando uma integração do nosso saber sobre seres humanos, é unir ambas correntes de saber e formar a consciência dos preconceitos que ambas carregam. Uma representação "correta" do ser humano é, sobretudo, aquela que, através da ciência natural, da etologia, da etnologia e da diversidade da experiência histórica, torna-se livre de dogmas. Fica faltando o claro perfil normativo, no qual a aplicação científica à práxis poderia se apoiar, semelhante ao sentido de *social engineering* (engenharia social). Porém, trata-se de uma medida crítica que liberta a ação humana de avaliações precipitadas e de desvalorizações e ajuda o trajeto civilizatório dessa ação, deixado a cargo de si mesmo, a lembrar de seu objetivo, já que paira nele a ameaça de se tornar cada vez menos um trajeto para a promoção da humanidade. Assim, e somente assim, a ciência do ser humano serve ao saber dele sobre si mesmo e, com isso, à práxis.

Apologia da arte de curar

Existe um tratado da época dos sofistas gregos, o qual defende a arte da medicina contra agressores[7]. Também vestígios de argumentações semelhantes ainda podem ser seguidos regressando-se na história, e isso, seguramente, não é uma casualidade. Trata-se de uma arte especial, aquela que é exercida na medicina. Uma arte que não coincide em todos os pontos com aquilo que os gregos chamavam *techne* e com aquilo que chamamos arte artesanal ou com a ciência. O conceito de "techne" é uma criação peculiar da mente grega, do espírito da *historie*, da livre prospecção pensante em relação às coisas e do *logos* da justificação de motivos para tudo que se considera como verdadeiro. Com esse conceito e sua aplicação à medicina aparece uma primeira decisão em favor daquilo que caracteriza a civilização ocidental. O médico não é mais a figura do curandeiro de outras culturas, revestido pelo segredo de forças mágicas. Ele se tornou um homem da ciência. Aristóteles utiliza justamente a medicina como exemplo padrão da transformação de simples coleção de ser-capaz-de-fazer e saber, baseada na experiência, em verdadeira ciência. Mesmo quando o médico, em casos isolados, possa estar em condição inferior em relação ao curandeiro experiente ou à curandeira, seu saber é, fundamentalmente, de outra ordem: ele sabe sobre o geral. Ele conhece o motivo pelo qual uma determinada técnica de cura tem êxito. Ele entende seu efeito, porque acompanha o contexto geral de causa e efeito. Isso soa bem moderno e, no entanto, não

---

7. *Apologie der Heilkunst*, revisão, tradução, notas e introdução de Theodor Gomperz (Ata da Kaiserlichen Akademie der Wissenschaft in Wien). Viena, 1890.

se trata aqui, no nosso sentido atual, da aplicação de conhecimentos das ciências naturais ao objetivo prático da cura. A oposição entre ciência pura e sua aplicação prática, como nós conhecemos hoje, é caracterizada por métodos específicos da ciência contemporânea, sua aplicação da matemática aos conhecimentos naturais. O conceito grego de "techne", ao contrário, não significa a aplicação prática de um saber teórico, mas uma forma própria do saber prático. "Techne" é aquele saber que constitui um determinado ser-capaz-de-fazer, seguro de si mesmo, no contexto de uma produção. Ele é, desde o princípio, relacionado à capacidade de produção e resulta a partir dessa relação. Mas trata-se de uma capacidade de produção excelente, uma capacidade que sabe e se fundamenta no conhecimento das causas. Assim, desde o princípio, pertence a esse ser-capaz-de-fazer, fundamentado naquele saber, o aparecimento com ele de um *ergon*, uma obra, como que liberado da atividade da produção. Já que, com isso, completa-se a produção, que produz alguma coisa, quer dizer, dispondo a outros a sua utilização.

Em tal conceito de "arte", que se encontra perante o limiar daquilo que chamamos "ciência", a arte de curar assume então, claramente, uma posição excepcional e problemática. Nesse caso não há uma obra que seja produzida pela arte e seja artificial. Não se pode, nesse caso, falar de um material que, em última instância, seja preconcebido naturalmente e dele seja obtido algo novo ao se produzir uma forma engenhosa e idealizada. Faz parte, antes, da essência da arte de curar que sua capacidade de produção seja uma capacidade de restabelecimento. Com isso, no saber e no fazer do médico cabe-lhe uma modificação própria daquilo que, nesse caso, se designa "arte". Pode-se, é verdade, dizer que o médico produz a saúde com os meios de sua arte, mas tal afirmação não é exata. O que é produzido desse modo não é uma obra, um *ergon*, algo novo que surge no ser e comprova o ser-capaz-de-fazer, mas o restabelecimento da saúde do doente, e não é possível ser evidenciado se ele é resultado do sucesso do saber e do ser-capaz-de-fazer médico. A pessoa com saúde não é uma pessoa que foi feita saudável. Por isso, inevitavelmente, fica aberta a pergunta até que ponto um sucesso de cura se deve ao tratamento especializado do médico e até que ponto a própria natureza contribui para tal sucesso.

Esse é o motivo pelo qual sempre houve uma circunstância própria em torno da arte médica e de sua reputação. A literal importância vital dessa arte confere ao médico e à sua pretensão sobre o saber e o ser-capaz-de-fazer uma distinção especial, principalmente quando há perigo. No entanto, por outro lado a dúvida sobre a existência e eficiência da arte de curar sempre se relaciona a essa reputação, particularmente quando não há mais perigo. Nesse aspecto, *tyche* e *techne* estão em uma tensão especial e antagônica. Aquilo que vale para o caso positivo da cura bem-sucedida não vale menos para o caso negativo do fracasso. O que nisso corresponde a uma eventual falha do ser-capaz-de-fazer médico e não talvez ao desfecho infeliz provocado por um destino superior, e quem irá decidir sobre isso, sobretudo na condição de leigo? A apologia da arte de curar não é, no entanto, apenas uma defesa de uma classe profissional e de uma arte perante outros, incrédulos e céticos, mas, sobretudo, um autoexame e uma autodefesa do médico perante si mesmo e contra si mesmo. Isso está indissoluvelmente associado à singularidade do ser-capaz-de-fazer médico. Ele pode comprovar sua arte tão pouco a si mesmo quanto a outras pessoas.

A particularidade do ser-capaz-de-fazer que distingue a medicina no âmbito da "techne" encontra-se, como toda a "techne", no âmbito da natureza. Todo o pensamento antigo refletiu a esfera do artificialmente exequível tendo em vista a natureza. Quando se entendia a "techne" como imitação da natureza, considerava-se com isso, sobretudo, que a capacidade artística humana como que explora e preenche o espaço de possibilidades deixado pela natureza e a sua própria constituição. Nesse sentido, seguramente a medicina não é uma imitação da natureza. Com certeza, não deve surgir uma formação que seja artificial. O que deve resultar da arte médica é a saúde, quer dizer, o próprio natural. Isso fornece ao todo dessa arte a sua marca característica. Ela não é invenção e planejamento de algo novo que não existe dessa forma, cujo poder da produção

Apologia da arte de curar

apropriada é detido por alguém, mas trata-se, desde o princípio, de um tipo de fazer e efetuar, que não realiza nada de peculiar e nada que venha do peculiar. O saber e o ser-capaz-de-fazer da arte médica enquadram-se totalmente com o curso natural, na medida em que se procura o seu estabelecimento onde foi perturbado, de tal forma que a perturbação como que desaparece com o próprio equilíbrio natural. O médico não pode abdicar de sua obra, da forma como todo artista abdica da sua, como faz todo artesão e especialista, a saber, de tal forma que se possa, de algum modo, manter o trabalho como sendo sua obra. De fato, em toda a "techne" o produto é deixado para o uso de outros, mas trata-se sim de uma obra própria. A obra do médico, pelo contrário, exatamente por ser a saúde restabelecida, não é mais sua de modo algum, nunca o foi. A relação entre realizar e o realizado, fazer e o feito, esforço e êxito, é, nesse caso, de natureza fundamentalmente diferente, enigmática e posta em dúvida.

Um dos aspectos que evidencia isso na antiga medicina é o de ela ter superado expressamente a condição de, com a velha tentação de provar para si mesmo a sua capacidade, auxiliar somente quando há perspectiva de êxito. Também o doente incurável, para o qual não se conta com algum sucesso de cura espetacular, torna-se objeto da preocupação médica, pelo menos na existência de uma maturidade da consciência médica que, com a perspectiva filosófica, ande a par com a essência do *logos*. Nesse sentido profundo, a "techne", da qual aqui se trata, está claramente inserida no curso da natureza de tal forma que ela pode desempenhar sua contribuição no todo desse curso e em todas as suas fases.

Poder-se-á reconhecer todas essas determinações também na ciência médica moderna. E, no entanto, algo de fundamental se modificou. A natureza, o objeto da moderna ciência natural, não é a natureza, em cujo grande âmbito se insere o ser-capaz-de-fazer médico e todo o ser-capaz-de-fazer artificial do ser humano. É, pois, peculiaridade da ciência natural moderna o fato de ela entender seu próprio saber como capacidade de fazer (*Machenkönnen*). O entendimento matemático-quantitativo das leis do acontecimento natural está direcionado a um isolamento de contextos de causa e efeito que permitem à ação humana possibilidades de intervenção com grau de exatidão testável. O conceito de técnica, associado ao pensamento científico contemporâneo, tem a seu alcance possibilidades específicas e crescentes nas áreas de procedimentos de cura e da medicina. A capacidade de fazer como que se torna autônoma. Ela permite dispor parcialmente sobre o curso do processo e é aplicação de um conhecimento teórico. Como tal, entretanto, não é um curar, mas um efetuar (fazer). Numa esfera de importância vital, ela leva até as últimas consequências a divisão do trabalho, peculiar a toda forma de atividade humano-social. A junção do saber diferenciado e o ser-capaz-de-fazer na unidade prática de um tratamento e cura não resulta da mesma força do saber e do ser-capaz-de-fazer que é cultivada como metodológica na moderna ciência. Trata-se, de fato, de uma antiga sabedoria que se tornou simbólica, primeiro na figura mitológica de Prometeu e depois no *christus patiens* para todo o Ocidente europeu, aquele chamado paradoxal "Médico, ajuda a ti mesmo". Mas o grave paradoxo do procedimento de divisão do trabalho pertencente à "techne" se afirma plenamente somente a partir da ciência moderna. A impossibilidade interna de se fazer de si objeto de si mesmo manifesta-se por completo somente a partir da metodologia objetivista da ciência moderna.

Eu gostaria de interpretar essa relação com o conceito de *equilíbrio* e através da experiência do equilíbrio. Trata-se de um conceito que já desempenha um papel importante nos escritos hipocráticos. De fato, não é somente a saúde do ser humano que sugere a concepção de saúde como um estado de equilíbrio natural. O conceito de equilíbrio serve, de forma especial, para o entendimento de natureza em geral. Pois a descoberta do pensamento natural grego consistiu no reconhecimento de que o todo é um ordenamento no qual todos os processos na natureza se repetem e decorrem em cursos determinados. Natureza é, portanto, como algo que mantém a si mesmo e se mantém por si mesmo nas suas trajetórias. Esse é o pensamento básico da cosmologia jônica, no qual todas as representações cosmológicas cumprem a sua função de

Apologia da arte de curar   45

que, no final, a grande ordem equilibradora do acontecimento alternante determina tudo como uma justiça natural[8].

Se pressupusermos essa concepção de natureza, então se pode definir toda a intervenção médica como uma tentativa de restabelecimento de um equilíbrio perturbado. Nisso consiste a verdadeira "obra" da arte médica. De modo que fica colocada a questão, como o restabelecimento do equilíbrio se diferencia de todas as outras produções? Sem dúvida, trata-se de uma experiência de uma forma bem particular, a qual todos nós conhecemos. A recuperação do equilíbrio ocorre, como na sua perda, na forma de uma forte e abrupta transformação. Não se trata de uma transição perceptível e contínua de um estado para o outro, mas de um estado de transformação repentino, bem diferente do processo de produção que nos é familiar, no qual cada elemento é acrescentado e, passo a passo, a transformação planejada é executada. É o vivenciamento do balanço, "onde o mero 'pouco demais' se transforma inexplicavelmente –, e muda de modo repentino para aquele 'muito demais' vazio". Assim é que Rilke expressa a experiência artística do balanço. O que ele descreve é isso: o esforço exaustivo em torno da produção e da manutenção do equilíbrio revela-se no momento em que o balanço atinge, de repente, o contrário daquilo que parecia ser. Não era uma carência (um "pouco demais") de força e de aplicação de força, mas um excesso (um "muito demais') que fazia com que o equilíbrio não ocorresse. De repente, ele ocorre como que por si mesmo, facilmente e sem esforço.

De fato, essa experiência acompanha cada produção de equilíbrio. O que está a trabalhar na produção do equilíbrio é como que repelido por aquele que se mantém e se satisfaz a si mesmo. Nós conhecemos isso na atividade médica como o modo próprio de seu êxito, ou seja, de se anular a si mesma e de se ter tornado supérflua. Mas o fato de, na recuperação do equilíbrio, a atividade médica se completar na autoanulação,

---

8. Sobre a justiça cosmológica conferir a única proposição de Anaximandro conservada, VS 12 A9, e meu trabalho *Platon und die Vorsakratiker*. Obras completas, vol. 6, p. 58-70, especialmente as p. 62-64.

já está, desde o princípio, no foco de todo esforço. Assim como acontece na experiência do balanço, que o esforço, de forma paradoxal, concentra-se em soltar-se, a fim de permitir uma harmonia ao equilíbrio, também o esforço médico possui a associação interna com a harmonização-de-si-mesma da natureza. O horizonte de toda a atividade médica é determinado pelo fato de a oscilação de uma situação de equilíbrio se diferenciar qualitativamente de sua perda definitiva, quando tudo se desordena.

Porém, disso se segue: não se trata, na verdade, de uma produção de equilíbrio, quer dizer, uma construção de uma nova situação de equilíbrio a partir de sua base, mas sempre de um restabelecer o equilíbrio oscilante. Qualquer perturbação sua, qualquer doença continua sendo parcialmente causada por fatores imperscrutáveis do equilíbrio que ainda se mantém. Esse é o motivo por que não se deve, na verdade, considerar a intervenção do médico como um fazer ou um efetuar de alguma coisa, mas sim, em primeira linha, como fortalecimento dos fatores formadores do equilíbrio. A intervenção médica permanece sempre sob o duplo fator de ela mesma formar um fator de perturbação através da intervenção ou de acrescentar o efeito específico de cura ao jogo dos fatores balanceadores. Parece-me constitutivo para a essência da arte médica que ela deva contar, previamente, com aquela forte e abrupta transformação do "muito demais" em "pouco demais", ou melhor, do "pouco demais" em "muito demais", e, por assim dizer, antecipá-la.

Nos antigos escritos sobre a arte de curar encontra-se o belo exemplo da maneira como se conduz a serra para cortar árvores, o qual pode ilustrar o que foi pensado acima. Da forma como um puxa, o outro segue, e o modo pleno de condução da serra constitui um ciclo formal (*Gestaltkreis*, Weizsäcker), no qual os movimentos de ambos os serradores se fundem em um fluxo rítmico unitário do movimento. Naqueles escritos há a frase significativa que denota a grandeza de tal experiência de equilíbrio: "Se eles, porém, fizerem uso de uma força violenta, então falharão no todo". Seguramente isso não se limita à arte de curar. Toda a mestria do produzir co-

Apologia da arte de curar

nhece essa experiência de alguma forma. A mão leve do mestre faz com que a sua atividade pareça fácil, e isso precisamente no aspecto no qual o aprendiz parece despender muito esforço. Tudo o que é feito com conhecimento possui algo da experiência do equilíbrio. Mas o peculiar na arte médica é que não se trata do completo domínio de um ser-capaz-de-fazer, o qual é comprovado diretamente através da obra realizada. Daí a especial precaução do médico em observar um equilíbrio que perdura em meio a toda perturbação e em ter que se inserir no equilíbrio oscilante do natural, como o homem com a sua serra.

Quando se relaciona essa experiência fundamental à situação da ciência moderna e da medicina científica, sobressai claramente como a problemática se intensifica[9]. A ciência natural moderna não é, em primeira linha, ciência da natureza, no sentido de um todo que se autoequilibra. O que a fundamenta não é a experiência da vida, mas a experiência do fazer, não a experiência do equilíbrio, mas a da construção planificada. Para muito além da esfera de validade de ciência especial, ela é, conforme a sua essência, mecânica, *mechané*, quer dizer, uma produção engenhosa de efeitos que não aparecem por si mesmos. "Mecânica" designava, originalmente, a engenhosidade de uma invenção, a qual causava admiração geral. A ciência moderna, que proporciona a aplicação técnica, não se concebe como um preenchimento das lacunas da natureza e uma inserção no acontecimento natural, mas, precisamente, como um saber, no qual o fundamental é a modificação da natureza em um mundo humano através de uma construção predominantemente racional. Como ciência ela torna os processos naturais previsíveis e passíveis de serem dominados, de modo que, no final, ela é até mesmo capaz de *substituir* o natural pelo artificial. Isso faz parte de sua própria essência. Somente dessa maneira é possível a aplicação da matemática e dos métodos quantitativos à ciência natural, pois o seu saber é uma construção. Mas eis que a nossa

---

9. Sobre isso e o que vem a seguir ver p. 91ss.

48 O caráter oculto da saúde

reflexão exposta até aqui ensina que a situação da arte de curar permanece indissociavelmente ligada ao pressuposto do antigo conceito de natureza. Entre as ciências da natureza a medicina é aquela que nunca é entendida completamente como técnica, porque ela sempre experimenta o seu próprio ser-capaz-de-fazer apenas como a recuperação do natural. Por isso, dentro das ciências modernas ela representa uma unidade particular entre conhecimento teórico e saber prático, uma unidade que de modo algum se deixa interpretar como aplicação de ciência à práxis. Ela representa um modo próprio de ciência prática, cujo entendimento conceitual desapareceu no pensamento moderno.

À luz dessas reflexões, uma bela e muito discutida passagem do Fedro[10] de Platão ganha um interesse especial, porque ela elucida a situação do médico que possui essa "ciência". Platão fala da verdadeira arte retórica e a coloca em paralelo com a arte de curar. Trata-se, em ambas, de entender a natureza, numa a natureza do espírito, na outra a natureza do corpo, não simplesmente em razão de rotina e experiência, mas para poder agir com base num saber efetivo. Da mesma forma como se deve saber quais medicamentos e qual alimentação são mais indicados ao corpo para que propiciem saúde e força, também se deve saber quais discursos e dispositivos legais se deve proporcionar à alma, para que acarretem a convicção correta e o ser correto (*Arete*).

E então Sócrates pergunta ao seu jovem amigo, deslumbrado pela retórica: "Acreditas que se possa entender a natureza da alma, sem entender a natureza do todo?"[11], ao que o jovem responde: "Se acreditarmos em Hipócrates, o asclepitano, sem esse processo não se pode sequer entender alguma coisa sobre o corpo"[12]. Ambas as determinações "natureza do todo" e "esse processo" (a saber, o de dividir a natureza) estão relacionados. A verdadeira retórica artística, exigida

---

10. *Fedro*, 270b-270d

11. *Fedro*, 270c.

12. Ibid.

Apologia da arte de curar

aqui por Sócrates, assemelha-se à verdadeira medicina no aspecto de que ela tem de conhecer a essência múltipla da alma, na qual ela deve enraizar convicções, e, da mesma maneira, a multiplicidade dos discursos que são apropriados para a respectiva disposição da alma. Essa é a analogia desenvolvida da perspectiva da atividade e do ser-capaz-de-fazer médico. A verdadeira medicina, a qual encerra um saber e um ser-capaz-de-fazer genuíno, requer, pois, o reconhecimento da distinção daquilo que, respectivamente, seja a disposição do organismo e o que seja apropriado a essa disposição.

Em relação à interpretação dessa passagem, Werner Jaeger, com razão, rejeitou a opinião de que fosse aqui requerida uma medicina especial, ligada à filosofia natural e com um conteúdo marcado por ideias cosmológicas gerais. O que acontece é o contrário. O processo do qual se trata é o método da divisão, da observação diferenciada, que reúne os respectivos sintomas na unidade de alguma forma específica de descrição patológica e, a partir disso, possibilita um tratamento uniforme. Sabe-se que o conceito de *eidos*, o qual conhecemos através da teoria das ideias platônicas, foi utilizado primeiramente na ciência médica. Assim, ele se encontra em Tucídides, na descrição do quadro patológico daquela famosa peste que castigou Atenas no começo da Guerra do Peloponeso e acabaria por vitimar também Péricles. Até os dias de hoje, a ciência médica, na sua atividade de pesquisa, é determinada pela mesma exigência. O método da divisão pensado é qualquer outra coisa que uma divisão escolástica conceitual. Divisão não é o desprendimento de uma parte da unidade de um todo. Nesse aspecto, Sócrates não admite qualquer observação isolada dos sintomas e exige, exatamente com isso, a verdadeira ciência, ultrapassando, assim, aquilo que a ciência médica moderna reconhece como seu fundamento metodológico. A natureza do todo, da qual se trata aqui, não é apenas o todo unificado do organismo. Da medicina grega dispomos de um rico material ilustrativo de como clima e estação do ano, temperatura, água e alimentação, em suma, como todos os fatores climáticos e ambientais contribuem para a concreta constituição do ser, de cuja recuperação se trata. O contexto no qual a parte tratada se encontra permite ainda, porém, uma outra conclusão. A natureza do todo abrange o conjunto da situação vital do paciente, até mesmo da do médico. A medicina é comparada com a verdadeira retórica, a qual deve permitir que os discursos corretos, na forma correta, atuem sobre a alma. Platão certamente não tinha em mente que devesse existir tal arte da condução retórica da alma, a qual soubesse empregar um determinado discurso a um determinado motivo e soubesse explorar tal capacidade. O que pensava, claramente, era que o verdadeiro discurso deveria ocorrer e que apenas conhece o verdadeiro discurso aquele que reconheceu a verdade. Ou seja, apenas o verdadeiro dialético e filósofo será o verdadeiro orador. Isso lança uma luz extremamente interessante sobre a arte de curar, que se compara com a verdadeira retórica. Da mesma maneira como a aparente tarefa especial da retórica passa a integrar o todo da orientação filosófica de vida, assim também sucederá com aqueles meios e tratamentos que a medicina aplica ao corpo humano para restabelecê-lo. Nessa medida, o paralelo entre a arte do discurso e a arte de curar também é correto no sentido de que a situação do corpo passa a integrar a situação do ser humano como um todo. Sua posição no todo do ser não é somente no sentido da saúde, mas, num sentido mais abrangente, uma posição equilibrante. Doença, perda de equilíbrio, não significa apenas um fato médico-biológico, mas também um processo histórico de vida e um processo social. O doente não é mais como era antes. Ele está suspenso. Ele está degredado da sua situação de vida. Mas ele permanece ligado ao retorno a ela, como aquele ao qual falta alguma coisa. Ao se obter a recuperação do equilíbrio natural, o maravilhoso processo de convalescença devolve ao indivíduo que está se recuperando o equilíbrio vital, no qual se encontrava quando em atividade. Assim, não é de se admirar que, do modo contrário, a perda de um equilíbrio ao mesmo tempo ameace o outro equilíbrio que é, fundamentalmente, um único grande equilíbrio, no qual se mantém a vida humana que oscila em torno dele, constituindo o seu bem-estar.

Apologia da arte de curar

Nesse sentido, é válido o que foi referido por Platão, que o médico, assim como o verdadeiro orador, deve ver a totalidade da natureza. Assim como o orador tem de encontrar a palavra correta por meio do juízo verdadeiro, da mesma forma o médico também tem de ver além daquilo que é o objeto próprio de seu saber e de seu ser-capaz-de-fazer, se ele quiser ser o verdadeiro médico. De modo que o seu estado é uma posição intermediária, difícil de se manter, entre uma presença profissional afastada do humano e um compromisso humano. Constitui seu estado de médico necessitar de confiança e, ao mesmo tempo, porém, também ter de voltar a limitar o seu poder médico. Ele tem de ver para além do "caso" que ele trata, para ter condições de avaliar o ser humano no todo de sua situação vital. Sim, ele deve refletir até mesmo sobre a sua própria atividade e o que ela causa no paciente. Ele tem de saber se retirar. Pois ele não pode fazer com que o paciente dependa dele, nem desnecessariamente prescrever condições de conduta de vida ("dieta") que dificultem o restabelecimento do seu equilíbrio vital.

Aquilo que é do conhecimento geral sobre o relacionamento do doente psíquico com o seu médico, constituindo também, reconhecidamente, a tarefa do psicoterapeuta, tem, na verdade, validade geral. A arte médica se completa na retirada dela mesma e na liberação do outro. Também aqui fica evidenciada a posição especial da arte de curar no todo das artes humanas. O fato de aquilo que é produzido por uma arte se desprender do seu ponto de origem e ficar entregue ao seu livre emprego representa uma limitação que se impõe a todo aquele que pratica uma arte e um ser-capaz-de-fazer. No caso do médico, porém, isso se torna uma verdadeira autolimitação. Já que o que ele fez não é uma simples obra, mas é vida que lhe foi confiada, a qual ele, agora, afasta de sua guarda. A isso corresponde a situação especial do paciente. O indivíduo que voltou a ter saúde, que é devolvido à sua própria vida, começa a esquecer a doença, mas fica ligado ao médico de algum modo (anônimo, na maioria dos casos).

Sobre o problema da inteligência

Os problemas científicos interessam aos filósofos numa direção intencional curiosamente invertida. Isso vale também para o problema da inteligência. Enquanto o médico ou o psicólogo empregam o conceito de inteligência de maneira que os fenômenos descritos forneçam à utilização do conceito um sentido claro, o filósofo questiona-se que tipo de marca é o conceito de inteligência como tal, qual articulação prévia de experiência de mundo se encerra nessa formação conceitual como tal. O fato de o conceito de inteligência ser um conceito relacionado ao desempenho, de expressar um ser-capaz-de--fazer que não é definido através daquilo determinado que se tem capacidade de fazer, ou seja, não é definido através do comportamento em relação a determinados conteúdos do pensamento, deveria corresponder tanto ao uso linguístico corrente da ciência como ao da vida cotidiana. Ora, na linguagem viva nunca há palavras para si que não recebam parte e codeterminação de seu significado através da vizinhança com outras palavras. Quando verificamos qual vizinhança vem ao encontro do conceito de inteligência no nosso emprego linguístico, então vemos que também essas palavras vizinhas – como perspicácia, rapidez de assimilação, capacidade de compreensão e de aprendizado em geral, discernimento –, possuem em comum com o conceito de inteligência a estrutura formal de sentido. No entanto, não coincidem com ele. Assim, a primeira questão a ser colocada pelo filósofo é se a marca de tal conceito formal de inteligência já não encerra em si mesma uma decisão prévia, para não dizer um preconceito.

A consciência histórica pode tornar mais clara a legitimidade dessa questão. Parece que o significado da palavra "inteligência", tal como estamos acostumados, é relativamente recente. A palavra clássica latina ocupava, originalmente, na linguagem da filosofia e na, por essa linguagem determinada, psicologia um lugar bem diferente. *Intelligentia* é a forma mais elevada de conhecimento, que ultrapassa até mesmo a *ratio*, a utilização sensata de nossos conceitos e meios de pensamento. *Intelligentia* é o correspondente latino-filosófico ao conceito grego *nous*, o qual nós, normalmente, de forma não tão incorreta, traduzimos por "razão" ou também "espírito", e significa, sobretudo, a capacidade de reconhecer os mais elevados princípios. No entanto, o uso linguístico corrente habitual nos nossos dias está separado dessa pré-história filosófica da palavra *intelligentia* por um ponto marcante. Não é fácil determinar com precisão esse corte. Na psicologia filosófica do século XVIII ainda não se encontra esse nosso conceito atual de inteligência. Contudo, a utilização linguística corrente adianta-se, em certa medida, ao cunho desse novo conceito de inteligência, especialmente o uso do adjetivo francês *intelligent* (já presente desde o século XV). O novo cunho do conceito, no entanto, possui um grande alcance e demonstra que tipos de pré-decisões o conceito carrega. O fato de, no século XVII, *intelligence* cessar de ser a capacidade de reconhecimento de princípios e passar a significar a faculdade geral de reconhecer coisas, fatos, relações, etc., coloca os seres humanos no nível dos animais inteligentes[13]. Seguindo o uso linguístico corrente, cujo desenvolvimento se deu em linhas pragmáticas, e com o objetivo de evitar as consequências extremas do cartesianismo, o qual reservava ao ser humano a autoconsciência e entendia os animais como máquinas, foi, evidentemente, o Iluminismo que, impregnado desse ideal pragmático, retirou do conceito de inteligência qualquer relação com "princípios" e o utilizou de forma puramente instrumental. Vê-se que o conceito atual de inteligência recebeu seu caráter formal de uma determinada questão formulada, a qual de maneira alguma se ajusta exatamente ao campo de sentido original da palavra latina *intelligentia*.

Esse aspecto passa a ganhar reforço, se remontarmos à formação conceitual da filosofia grega e questionarmos a

---

13. Cf. MONET. *Facilité à comprendre et à juger chez l'homme et les animaux.*

54   O caráter oculto da saúde

que, de fato, nela correspondia o nosso conceito "inteligência". Pode-se efetivamente afirmar que não existe aí um conceito filosófico que represente um equivalente real do conceito de "inteligência". Naturalmente há na língua grega da época clássica, já no período homérico, equivalentes linguísticos que caracterizam um ser humano como "inteligente", por exemplo a hábil e engenhosa Odisseia de Ulisses, ou palavras que caracterizam a compreensibilidade (como *synesis*). Mas um conceito formal de inteligência não foi desenvolvido pela filosofia grega. Isso não deveria ser considerado? Se eles comparavam o problema, que também nos inquieta, do comportamento dos animais, conduzido por instinto, mas com efeito "inteligente", com o comportamento inteligente do ser humano, parece-me significativo que o conceito, com o qual essa comparação é realizada, o conceito de *phronesis*, tenha no seu conteúdo um determinado sentido bem diferente, a saber, na área humana da filosofia moral. Assim, Aristóteles, por exemplo, afirma que determinados animais evidentemente também teriam *phronesis* – ele pensa, sobretudo, nas abelhas, nas formigas, nos animais que acumulam para o inverno e, dessa maneira, do ponto de vista humano, fazem previsão, e isso implica que revelam sentido em relação ao tempo. Sentido em relação ao tempo – isso é uma enormidade. Isso significa não apenas uma ascensão do conhecimento, previsão, mas uma condição fundamentalmente diferente: interromper a busca do objetivo mais próximo em favor de uma meta ambicionada e fixada a longo prazo.

O conceito de *phronesis*, aplicado ao comportamento animal com base numa analogia humana, adquire uma clara determinação nas áreas antropológica e moral, precisamente através de Aristóteles, a qual nos deixa pensativos. Aristóteles pareceu acompanhar exatamente o uso linguístico corrente, a razão sedimentada presente nesse o uso, quando entendia sob *phronesis* não apenas o descobrimento perspicaz e habilidoso de meios para o domínio de determinadas tarefas, não apenas o sentido para o prático, para atingir determinados fins, mas também o sentido para a colocação dos próprios fins e responsabilidade deles. Com

Sobre o problema da inteligência

isso, o conceito ganha uma determinação em relação a seu conteúdo – e é isso que interessa aqui. Não é um simples ser-capaz-de-fazer formal que constitui esse conceito, mas, integrado a esse ser-capaz-de-fazer, a determinação desse ser-capaz-de-fazer, a aplicação que ele adquire. Aristóteles evidencia isso ao confrontar *phronesis* com *deinotes*, quer dizer, opondo a enorme habilidade de domínio de toda situação possível ao posicionamento exemplar da *phronesis* como uma forma oposta natural – e isso não é de forma alguma algo puramente positivo. Aquele que é dono dessa qualidade possui, como habitualmente se diz, capacidade para qualquer coisa e, quando age sem medida e responsabilidade, pode retirar de toda a situação um aspecto prático e sair dela de modo honroso (na política do inescrupuloso oportunista, na vida econômica do negociante desleal, na área social o embusteiro, etc.). O conceito de inteligência aparece aqui, portanto, ainda associado ao ser humano no seu todo, à sua *humanitas*. De maneira bem semelhante ao que aconteceu com o conceito, tão familiar a nós, de bom-senso (*gesunder Menschenverstand*), ele perdeu uma dimensão essencial no pensamento moderno. Em geral, nós não pensamos que o bom-senso possa ser uma outra coisa do que um simples formal poder-fazer (estar, de maneira normal, provido de uma capacidade) e, no entanto, uma investigação mais cuidadosa desse conceito revela um cunho bem diferente do mesmo. Correspondem-lhe, a saber, o conceito de *bon sens* entre os franceses e, por último, num sentido mais amplo, o conceito de *sensus communis*. Pode-se, assim, comprovar que *sensus communis*, que possui este sentido geral, na verdade não significa apenas a utilização sensata e nossos dotes mentais, mas, ao mesmo tempo, encerra sempre uma determinação do conteúdo[14]. *Sensus communis* é senso comum não somente como aquela *facultas dijudicativa*, que trabalha os testemunhos realizados pelos sentidos, mas designa, sobretudo, senso social, o senso civil, que contém determinados pré-requisitos coletivos, incontestáveis no seu conteúdo, e de forma alguma apresenta apenas a capacidade formal de uso da razão.

---

14. Cf. *Wahrheit und Methode*, p. 16-27 (Obras completas, vol. 1, p. 24-35).

56 O caráter oculto da saúde

Isso me parece, então, significativo para nossas considerações sobre o conceito de inteligência e sua relação original com o conceito de *intelligentia*. Não é algo evidente e inquestionável que o desprendimento do conceito de inteligência de determinadas tarefas de conteúdo, que, na nossa qualidade de ser humano, são-nos impostas, seja cientificamente legítimo. Quando nos interrogamos, o que significa, de fato, tal desprendimento, é fundamentalmente necessário pensar, primeiro, que todo conceito desse tipo contém um determinado caráter de convenção social, um determinado senso normativo socialmente fixado. A sociedade entende a si mesma através da vitalidade de seu uso linguístico e expressa algo de si mesma quando utiliza determinadas expressões como "inteligência", da maneira como estamos acostumados. Com que base ela entende a si mesma e o que ela quer expressar? Talvez não se trate apenas de um acontecimento linguístico aparente o fato de esse nosso correntemente conhecido conceito de inteligência ser tão recente?

Eu não pretendo, com isso, repetir a conhecida crítica à chamada psicologia da capacidade (*Vermögenspsychologie*). É verdade que a psicologia clássica do século XVIII, através do conceito de capacidade, articulou uma interpretação básica do ser humano e suas capacidades, e que o desprendimento desse aparelhamento da capacidade, com a qual a alma está equipada, pertence aos incontestáveis progressos na área do conhecimento do ser do homem. Uma capacidade no sentido dessa psicologia clássica seguramente não corresponde ao sentido de "inteligência" da forma como ele é hoje correntemente entendido. Isso significa que, no sentido linguístico empregado nos dias de hoje, com o conceito "inteligência" não é designado, na realidade, uma das funções ou das formas de atividade da faculdade mental humana, que, ao lado de outras funções – como a dos sentidos –, possa ser colocada em jogo ou desconsiderada como uma própria função mental, mas sim que inteligência está presente em todo o comportamento humano, ou falando de outra maneira: em todo comportamento inteligente está presente o ser humano como um todo. É uma possibilidade do viver, na qual o homem se colocou e é tão importante para a constituição de seu ser como humano, que frente a essa possibilidade ele não possui a distância para poder decidir utilizá-la ou não a utilizar, colocá-la em jogo ou desconsiderá-la.

Mas mesmo que se admita isso, o cunho do conceito de "inteligência", no seu sentido atual, poderia ainda guardar algo do antigo estágio já ultrapassado da psicologia da capacidade. Eu quero dizer o seguinte: o fato de inteligência ser um conceito formal de desempenho, como hoje normalmente é percebido por nós, torna-o, em determinado sentido, uma ferramenta. Pois isso caracteriza a essência da ferramenta, a saber, não ser para si alguma coisa, mas ser apropriada para utilização múltipla e para tal concernentemente utilizada. Pode ser que se trate de uma ferramenta especial, a qual nós designamos como inteligência ou como nossa capacidade intelectual, ou seja como for que se queira expressar; especial porque é simplesmente universal e não, como outras ferramentas, limitada a determinado uso e apropriada apenas para determinado uso. Mas a questão que me parece não poder ser descartada é se o conceito de instrumento, de ferramenta para uso, o qual se incorpora necessariamente ao conceito formal de inteligência, corrente para nós atualmente, não caracteriza uma concepção questionável de ser humano e um conceito questionável de inteligência[15].

Todas as nossas reflexões sobre o ser humano e o animal, sobre o ser humano e a máquina, têm, quando comparadas com a ingênua naturalidade com a qual anteriormente a partir da autoconsciência humana se descreveu o conceito de instinto ou também o conceito de máquina funcional, algo em comum com o ceticismo em relação à afirmação da autoconsciência, o qual não é mais possível de ser ignorado desde Nietzsche. Se Descartes havia visto na autoconsciência o *fundamentum inconcussum* de toda a certeza, Nietzsche, por seu lado, colocou a seguinte sentença: "Deve-se duvidar

---

15. Nos últimos tempos, o progresso no desenvolvimento de *Artificial Intelligence* confirmou plenamente a intenção do presente estudo. Cf. tb. p. 52s.

58 O caráter oculto da saúde

de forma mais fundamental"[16]. De fato, o conceito de inconsciente abriu toda uma dimensão que possibilitou ao conceito de autoconsciência uma legitimidade epifenomênica. Mas a filosofia moderna estava fundamentada, em larga dimensão, na indubitabilidade da autoconsciência. Especialmente o conceito de reflexão, que nos é imprescindível para a determinação de todos os fenômenos mentais, baseia-se naquele fundamento. A reflexão, o livre direcionamento da atenção para si mesmo, manifesta-se como o modo mais elevado de liberdade. Aqui o espírito encontra-se em si mesmo, na medida em que ele esteja referido apenas a seus próprios conteúdos. É inegável que com essa liberdade em relação a si mesmo, essa distância primeira, fique caracterizada uma propriedade essencial do ser humano. É verdade que, de alguma maneira, o distanciar-se de si mesmo representa a precondição fundamental da orientação linguística de mundo e, nesse sentido, é de fato, em toda reflexão, liberdade.

No entanto, diante da crítica da autoconsciência, que é característico do moderno, não parece que se possa falar, sem hesitar, de uma ascensão à dimensão do mental, como se nós pudéssemos nos elevar a essa dimensão através de nossa livre decisão e pudéssemos nos mover nessa dimensão de maneira livre. Talvez haja formas bem diferentes de reflexão. Em todo o caso, todo ser-capaz-de-fazer já carrega consigo reflexão. Constitui o conceito do ser-capaz-de-fazer o fato de ele não ser uma simples execução, mas sim, perante uma possível execução, a posse dessa possibilidade. Assim, pertence à consciência de todo ser-capaz-de-fazer autêntico ter ainda domínio sobre a aplicação de sua própria capacidade. Já Platão havia dado atenção a essa reflexividade interna no conceito de ser-capaz-de-fazer (*techne*), ao evidenciar que todo ser-capaz-de-fazer é, simultaneamente, a capacidade de ser-capaz-de-fazer alguma coisa e a capacidade de ser-capaz--de-fazer o seu contrário[17]. Desse modo, o verdadeiro corredor

---

16. Edição crítica das Obras completas, vol. VII/3, 40 [25]; cf. tb. 40 [10], [20].

17. *Cármides*, 166e-166g e meu trabalho *Vorgestalten der Reflexion*. Obras completas, vol. 6, p. 116-118.

Sobre o problema da inteligência

capaz é aquele que tanto está em condições de correr com rapidez como lentamente. E, assim, o verdadeiro mentiroso capaz é aquele que sabe tanto sobre o falso como do verdadeiro e está seguro de não expressar a verdade por engano no momento em que pretende mentir. Esse conceito de ser-capaz-de-fazer implica um tipo de distância em relação à execução e, nessa medida, é fundamentalmente determinado através da estrutura que chamamos reflexividade. Mas esta reflexão, incutida no "livre ser-capaz-de-fazer" da "techne", é o modelo correto para a reflexividade essencial do ser humano? A verdadeira questão encontra-se em aberto, a saber, se há para o ser humano como tal uma livre ascensão à distância em relação a si mesmo e se a ascensão ao mental, a ascensão à autoconsciência, retira o ser humano de sua temporalidade necessariamente finita.

Essa questão torna-se premente nas análises tão interessantes e perspicazes do conceito de "demência", apresentadas por Zutt[18], quando ele caracteriza as extremas formas de demência como falta de compreensão da doença. Em seu aspecto descritivo ele tem razão, sem dúvida, mas aqui se nos depara um problema fundamental. O que significa compreensão da doença? Sem dúvida um fato pormenorizadamente descrito, na medida em que se vê o conceito de doença com os olhos do médico e da ciência médica e, com isso, pense-se a concordância do conhecimento médico com o conhecimento que o paciente tem de si mesmo. Mas, como fenômeno vital, é evidente que compreensão da doença não é simplesmente conhecimento no sentido de conhecimento de um fato objetivo verdadeiro, mas, como todo conhecimento, algo de difícil aquisição que se impõe contra resistências vivas. É conhecido qual o papel da ocultação do conhecimento da doença em vários adoecimentos do ser humano, mas principalmente qual função fundamental a ocultação do conhecimento da doença possui no ser vivo do homem.

O doente percebe sua doença ao constatar que lhe falta alguma coisa. Qual explicação isso, o faltar algo, fornece real-

---

18. *Der Nervenarzt* 35, caderno 7 (1964).

mente sobre aquilo que falta? O fato de casos extremos de demência serem incompatíveis com o conhecimento da doença e, especialmente, o fato de que já as formas iniciais de tal doença são fechadas ao seu conhecimento, é algo para se pensar. Sem dúvida é uma constatação inofensiva da ciência a de que o ser humano que se encontra em tal estado determinado que, a partir de uma conceituação normal-saudável, ela designa doença, tenha perdido a capacidade de se distanciar de si mesmo e reconhecer que esteja doente, sim, talvez até mesmo que um certo adoecimento se constitua essencialmente na perda de tal distância em relação a si mesmo. Contudo, a possibilidade de constatação de tal estado extremo não pode desconsiderar a questão, a saber, se precisamente a capacidade de reflexão, a possibilidade de distância de si mesmo, não representa uma condição necessária para todas as doenças mentais. E isso não implica que o conhecimento da doença, ou a falta desse conhecimento, não signifique para o próprio doente simplesmente o conhecimento de alguma coisa que é?

De fato, em muitas formas concretas de autoconsciência, a qual pertence, por exemplo, a autocrítica – mas também a crítica cultural – e, por fim, também o conhecimento da doença, confirma-se a necessidade de, com Nietzsche, duvidar da afirmação da consciência[19]. Não se pode pressupor um conhecimento de alguma coisa que é, como uma possibilidade livre do ser humano, da qual se constitui seu ser verdadeiro e em relação à qual ele pudesse a qualquer momento ascender a uma tomada consciente de distância, sem cair num dogmatismo ingênuo. É, antes, bem difícil de descrever a forma como tal conhecimento e possibilidade de distância permanecem ligados a uma pessoa no todo de sua situação de vida. É certo que o ser humano se distingue – em relação àquelas maravilhosas artes e habilidades que abelhas e castores, formigas e aranhas apresentam –, por ele estar consciente de seu ser-ca-

---

19. Sobre Nietzsche cf. meu *Text und Interpretation*. Obras completas, vol. 2, n. 24, p. 330-332.

Sobre o problema da inteligência   61

paz-de-fazer e, assim, possuir a espantosa capacidade de, sob determinadas circunstâncias, não empregar "intencionalmente" o seu ser-capaz-de-fazer aprendido, portanto, de possuir liberdade também perante suas artes. Contudo, tal liberdade e, em geral, a liberdade da distância reflexiva de si mesmo são coisas problemáticas. Utilizar essa liberdade, por sua vez, não é em si mesmo um ato livre, mas motivado, possui condições e motivos que não são controlados em si por um ser-capaz-de-fazer livre. Assim, é apenas uma semelhança formal que tal ser-capaz-de-fazer tem com a ferramenta que se pega para o uso e depois se guarda de acordo com a livre vontade. Todo ser-capaz-de-fazer é ser.

Esse é o motivo pelo qual a estrutura da reflexividade nem sempre está associada ao conceito de objetivação. O próprio eu, do qual se é consciente de forma reflexiva, não é um objeto no sentido que designamos normalmente um comportamento objetivante do conhecimento dirigido a um objeto que, como objeto reconhecido, parece perder sua força de resistência, é vencido, torna-se disponível. *Natura parendo vincitur*. Reflexividade, enquanto possibilidade da distância em relação a si mesmo, não significa um colocar-se diante de um objeto. Ela está, antes, na maneira de acompanhar a consumação vivida no contexto. A possibilidade de escolha e decisão no "acompanhamento" das consumações da vida é a nossa verdadeira liberdade. Uma outra liberdade para si mesmo, à qual nós mesmos ascendemos por livre escolha, não existe. O acompanhamento reflexivo da consumação, a não defrontação objetificante, pertence a uma ação que denominamos "inteligente".

Isso quer certamente dizer, e esse é o momento de reflexão, que a qualidade de se aproximar diretamente de alguma coisa torna-se interrompida, que, usando o pensamento de Hegel, a cobiça torna-se inibida e, exatamente com isso, a meta como tal torna-se consciente, quer dizer, é fixada como inatingível, torna-se "estabelecida" como objetivo. Consciência é, nessa medida, consciência de uma perturbação. A descrição das experiências com macacos realizadas por Köhler fornece uma boa ilustração para isso. A cobiça por bananas, quando inibida, conduz a um "pensar", quer dizer, sob a paralisação da meta da cobiça, conduz a um retorno a uma outra coisa que como tal não é uma meta, quer dizer, a uma escolha intermediária. Mas tal "coisa intermediária" não é, na verdade, objeto de uma atenção, como tampouco a própria mão torna-se "objeto" quando ela não consegue atingir a meta do desejado com um simples esticar-se. Antes, o que acontece, é que essa atenção e esse pensar, direcionado a uma meta e, ao mesmo tempo, desviante da meta, lançam-se, a partir de si, à ação que atinge a meta e, a seguir, descarta os meios "manuseados". À perturbação corresponde a eliminação da perturbação, quer dizer, a retirada da atenção a si mesmo.

Esse me parece ser o modelo, de acordo com o qual toda autorreflexão tem de ser considerada, especialmente também aquela acionada no próprio conhecimento da doença. Nesse caso, também não se trata da objetivação do meu eu, através da qual a doença é "constatada", mas de um ser-relegado-a-si-mesmo, porque lhe falta algo, quer dizer, trata-se de uma perturbação que já está orientada para uma eliminação de perturbação através da submissão ao conhecimento e intervenção do médico. A doença não é, em primeira linha, aquele resultado comprovador que a ciência médica declara como doença, mas é uma experiência do doente, com a qual ele procura lidar, assim como com qualquer outra perturbação.

A doença é, assim, experimentada pelo próprio doente, normalmente, como uma perturbação não mais perceptível. O fato de faltar algo pertence ao contexto de balanço, quer dizer, especialmente ao restabelecimento do equilíbrio em meio a todas as oscilações do estado de saúde, as quais constituem a disposição geral do ser humano. Dentro desse contexto ela representa o caso da transformação abrupta do equilíbrio produzido a partir de si mesmo em equilíbrio perdido. Isso deve ser sempre levado em conta quando o papel do conhecimento da doença torna-se um problema. Em si isso pertence às artes que permitem o balanço da vida, que encara o perturbado esquecendo-o ou anestesiando-o, e entre os meios de tal arte de balanceamento pertence precisamente também o

Sobre o problema da inteligência 63

comportamento inteligente, como na forma da autoilusão, do perspicaz não-querer-perceber a doença. Pois a doença como perda da saúde, da imperturbada "liberdade", significa sempre um tipo de exclusão da "vida". Por isso, o conhecimento da doença representa um problema vital que atinge a pessoa na sua totalidade e não é, de maneira alguma, um livre ato da inteligência, a qual toma distância de si mesma e se volta objetificamente para si mesma e para a perturbação experimentada. Pertence a esse problema vital tudo o que o médico conhece como pacientes "difíceis", quer dizer, toda resistência em relação ao médico e à admissão da própria impotência e carência. O fato de a submissão à autoridade do médico se tornar difícil pode bem revelar um grau de inteligência. Seja como conhecimento ou como resistência cega ao conhecimento, de qualquer maneira, a reflexão não é aqui um livre voltar-se para si mesma, mas está sob a pressão do sofrimento, da vontade de viver, da fixação ao trabalho, profissão, prestígio, etc.

A intervenção do médico não altera nada de fundamental nessa situação. Ele entra na situação da vida, no momento que há uma necessidade de conhecer a doença. Ele deve ajudar a recuperar o equilíbrio perdido, e precisamente a medicina atual sabe que isso não significa apenas eliminar defeitos somáticos, mas trazer novamente o equilíbrio àquela situação de vida que se tornou descontrolada. Por isso, a própria intervenção médica está sempre sob o perigo de, ao ajudar, perturbar novamente o equilíbrio, não apenas através de uma intervenção perigosa, que possa perturbar outras relações de balanço, mas, sobretudo, também por causa da posição na qual o doente se encontra, num indestrinçável todo de tensão psíquica e social.

A partir do que foi colocado, se considerarmos a doença mental e a questão *qual papel a inteligência tem aqui*, será certamente válido afirmar que a doença mental – seja qual for – é uma perda de equilíbrio, e se coloca a questão se, e em que medida, ela compreende o comportamento inteligente que permite o conhecimento. O emprego usual do conceito inteligência pode, facilmente, conduzir-nos a um erro, de modo que não reconheçamos que uma "mente" doente não

64 O caráter oculto da saúde

tem de, necessariamente, padecer de "falta de inteligência". Por isso, a exposição de Langer sobre o, em média, especialmente alto nível de inteligência dos neuróticos foi muito instrutiva. Se definirmos doença como perda de equilíbrio, torna-se facilmente compreensível que a capacidade formal que se designa por inteligência pode ser dependente do "estado mental" do doente. Pois, de qualquer maneira, sob a expressão estado mental não entendemos o estado de uma capacidade formal, mas tudo o que alguém tem na cabeça, que opiniões o satisfazem, que ordem de valores o conduz, as metas essenciais que o perseguem e mantêm ou destroem o equilíbrio de sua vida. O fato de haver quadros patológicos nos quais também a "inteligência", a capacidade de se distanciar reflexivamente, simplesmente tenha desaparecido, significa que o centro da questão talvez resida menos na ausência de uma capacidade formal do que no declínio de uma pessoa humana. O equilíbrio, o qual chamamos de saúde mental, é justamente um estado da pessoa na sua totalidade, a qual não é simplesmente um feixe de desempenhos, e se refere ao total da sua relação com o mundo.

Então, poder-se-ia, no entanto, objetar que nós não falamos de doença "mental" ao acaso. O que significa, neste caso, "mente"? Esse termo não inclui sempre o significado de uma livre autorreferência, a distância em relação a si mesmo, um pertencer à dimensão do mental? Essa questão coloca-se com renovada urgência, quando se procura determinar a inteligência especial do ser humano, partindo do comportamento inteligente dos animais. O homem é o ser que tem a fala. Pois, sem dúvida, o caráter linguístico de nosso comportamento no mundo está estreitamente ligado à nossa condição de seres dotados de uma mente. Quando se parte da situação de vida e do seu domínio, a dimensão do mental pode até aparecer como uma outra dimensão, a mente talvez, quando não um tipo de adversário da vida, apresenta-se como expressão de uma deterioração da vida por ela mesma, que não segue mais, sem questionar, os seus caminhos habituais e "imagina", a partir de si mesma, um mundo de seu próprio entendimento, um mundo linguisticamente interpretado. Nele, a vida vê-se cercada de possibilidades, entre as quais tem de escolher. Poder-se-ia interpre-

Sobre o problema da inteligência   65

tar a capacidade de escolher como um meio apropriado e necessário para um objetivo traçado, o da autopreservação, o bem-estar do ser humano, e a naturalidade da linguagem parece atestar o mesmo: ela é o mais mental de todos os meios de entendimento. Nesse sentido, a inteligência também seria um "meio" desse tipo, que permite aos seres humanos prolongar as suas vidas. O seu adoecimento é, como qualquer outro adoecimento, uma perda e se diferencia de acordo com o grau da perda, até o ponto em que todo o conhecimento da doença torna-se impossível.

Mas precisamente isso é insuficiente. O que caracteriza é, antes, a constituição fundamental do ser humano, cuja natureza, é verdade, aspira à sua realização, como todos os seres vivos, mas não lhe fica claro do que essa realização se constitui, fazendo ele mesmo disso a sua meta. A multiplicidade das possibilidades, para as quais ele se percebe habilitado e entre as quais ele escolhe, são autointerpretações que correspondem à interpretatividade do mundo através da linguagem. Eu acredito que Aristóteles tenha julgado corretamente ao permitir transferir o sentido do que é proveitoso e prejudicial – o qual caracteriza o ser humano como ζῷον λόγον ἔχον, em contraposição com o caráter imediato da cobiça animal, introduzindo, sem intermediação, o conceito de "direitos"[20]. A linguagem, que pode expressar ambos os sentidos, não é apenas um meio de entendimento que serve a quaisquer objetivos, portanto, não serve somente ao que é proveitoso e ao impedimento do que é prejudicial, mas, primeiramente, também estabelece e se responsabiliza pelos objetivos comuns, com os quais os seres humanos, por natureza, forjam a sua forma social do ser-aí humano no mundo.

Nisso há, certamente, "distância", mas esse distanciamento das possibilidades, ao mesmo tempo, representa ao ser humano o mais perto possível, que é onde ele vive. Essas possibilidades humanas não são um campo objetivo passível

---

20. Cf. a parte frequentemente citada da obra *Política* de Aristóteles, A2, 1253a, 13-15. Cf. tb. meu artigo *Mensch und Sprache*. Obras completas, vol. 2, n. 11, p. 147-149.

de determinação concreta, mas pertencem, como o próprio mundo, àquele todo, ao qual, para a vida dos seres humanos, significa familiarizar-se e estruturar-se. Essa vida humana é ameaçada pela doença, isto é, pela perda do equilíbrio, e, como se trata de vida humana, essa perda atingirá sempre o todo e sempre afetará o equilíbrio mental. Quando o médico fala de doença "mental", trata-se de uma perda de equilíbrio: o fato de não dominarmos mais este estar cercado de possibilidades é uma falha do autobalanceamento mental, que não é independente do horizonte de possibilidades que nos rodeiam, seja porque elas conservam o estado de equilíbrio no qual nos encontramos ou porque elas destroem esse estado através do extático perder-se e fixar-se a uma alternativa. Não encontramos tais ameaças nos traços instintivos do reino animal. O que nele parece ou é inteligente significa formas inteligentes da obediência instintiva, quer dizer, formas inteligentes do comportamento para atingir objetivos fixados. A inteligência humana, por sua vez, relaciona-se à própria colocação de objetivos, à escolha das formas corretas de viver (*bios*). Ela não é a simples capacidade de adaptação, de engenhosidade e flexibilidade mental para levar a cabo tarefas pré-colocadas. Nisso mesmo um psicopata pode superar o homem "saudável". Aqui há uma específica aporia metódica de todo teste de inteligência, já que ele, ainda que com refinada dissimulação, coloca ao examinando tarefas que ele mesmo não escolhe e não reconhece como suas. Parece-me, por isso, ser um empobrecimento fundamental na formação do conceito, quando se procura determiná-lo de inteligência humana através da analogia com os animais.

Dessa maneira, a saber, pensa-se a pessoa a partir das coerções instintivas que pertencem às formas animais de ser. O que revela "inteligência" nessa esfera é algo diferente do que nos seres humanos, cuja ligação ao instinto é subjugada por uma poderosa institucionalização da organização cultural da vida. Para o ser humano, inteligência tem de significar algo bem diferente. De repente, sem se perceber, o conceito formal de inteligência transforma a própria pessoa em instrumento, em um feixe manipulável de desempenho, cuja aptidão máxima para objetivos predeterminados fixa o conceito social norma-

Sobre o problema da inteligência

tivo de inteligência. Por isso, a afirmação de que alguma pessoa "pertence à camada intelectual" denota sua qualificação sociopolítica, sua utilidade para fins estatais, aos olhos de uma repartição pública que planeja e dirige. Segue-se o resultado surpreendente de que não é o discurso acerca da inteligência animal que é um *antropomorfismo* suspeito, mas é o discurso usual acerca da inteligência humana, mensurável através do ideal normativo de um quociente intelectual, que representa um *teriomorfismo* oculto e impenetrável.

A importância da psiquiatria parece-me residir no fato de que ela, a partir da experiência da doença mental, pode se opor a esse efeito. Na doença mental, a dupla direção do aclimatar-se ao mundo e a si mesmo, que constitui a vida humana, torna-se incontrolável. Não se trata tanto de na doença mental estarem ausentes determinadas capacidades, mas de haver falha numa tarefa que é colocada a todos nós de forma duradoura, a saber, a de manter o equilíbrio entre nossa *anomalitas* e aquilo que concebemos como nossa determinação humana. Nossa disposição geral não se degenera, no caso de uma doença mental, em direção ao animal-vegetativo, mas a própria deformação do equilíbrio permanece uma deformação mental. Conforme demonstrado claramente por Bilz[21], ela aparece estruturalmente como excrescência que pertence às possibilidades da essência humana. Inclusive a perda total da distância em relação a si mesmo, próprio a algumas formas de demência, deve, em minha opinião, ser sempre pensada ainda como uma perda humana de equilíbrio. Como toda a perda de equilíbrio, a "mental" também é dialética, capaz de recuperação, mas que, no final, conduz à destruição através da perda total, quando a recuperação do equilíbrio não é obtida de forma duradoura. Assim, a doença mental, no seu aspecto de estranha calamidade, permanece ainda como um sinal de que o ser humano não é um animal inteligente, mas um ser humano.

---

21. *Der Nervenartz* 35 (1964).

A experiência da morte

Na nossa reflexão não ocorre apenas uma simples transformação da imagem da morte, como chegou até nós no decorrer de milhares de anos da memória humana, seja na forma da interpretação das religiões ou na forma das organizações da vida do ser humano. Trata-se de um processo atual muito mais radical e específico, o do desaparecimento da imagem da morte na sociedade moderna. Isso é evidentemente o que exige a nossa reflexão. Trata-se de algo que se poderia denominar um reiterado novo Iluminismo, que agora atinge todas as camadas da população, para a qual o que forma a base geral principal é o domínio tecnológico da realidade com o auxílio dos deslumbrantes êxitos da ciência natural moderna e dos modernos meios de informação. Isso produziu uma desmitologização da morte.

Para ser mais exato, melhor seria falar de uma desmitologização da vida – e, com isso, também da desmitologização da morte. Pois essa é a ordem lógica através da qual o novo Iluminismo se difunde pela ciência. Há algo de fascinante no fato de a ciência moderna não ver mais o ponto de origem da vida no universo como um fato milagroso ou um jogo imprevisível do acaso. Ao invés disso, ela designa causalidades naturais científicas decisivas que, num processo de evolução compreendido sem minúcias, conduziram à origem da vida no nosso planeta com todos os seus desenvolvimentos. Por outro lado, não se pode deixar de ter presente que a revolução industrial e suas consequências técnicas transformaram, de fato, a experiência da morte na vida dos seres humanos. Não é apenas o cortejo fúnebre que desapareceu da paisagem urbana – durante o qual qualquer um tirava o chapéu diante da majestade da morte. Ainda mais profundo é o efeito

A experiência da morte   69

da efetiva anonimização do morrer nas clínicas modernas. Ao lado da perda da representação pública do acontecimento, surge com isso o afastamento do moribundo e seus parentes do ambiente doméstico e familiar. A morte fica assim inserida numa empresa técnica de produção industrial. Ao observar essas mudanças, vê-se que o morrer tornou-se, ainda que de um ponto de vista negativo, um dos inúmeros processos de produção da vida econômica moderna. E, no entanto, talvez não haja nenhuma outra experiência na vida do ser humano que descreva tão nitidamente os limites impostos ao domínio moderno da natureza com o auxílio da ciência e da técnica. São precisamente os enormes avanços técnicos alcançados na preservação, muitas vezes artificial, da vida que manifestam o limite absoluto de nosso ser-capaz-de-fazer. O prolongamento da vida acaba por se tornar, em geral, um prolongamento do morrer e uma estagnação da experiência do eu. Ela culmina no desaparecimento da experiência da morte. A moderna química dos anestésicos destitui da posse de si mesma a pessoa que sofre. A manutenção artificial das funções vegetativas do organismo transforma os seres humanos numa peça de um processo mecânico. A própria morte torna-se uma sentença dependente da decisão do médico que trata o paciente. Ao mesmo tempo, tudo isso exclui os sobreviventes próximos do morto do interesse e da participação no acontecimento irrevogável. Mesmo a ajuda espiritual oferecida pelas igrejas frequentemente não encontram acesso aos moribundos e nem aos seus próximos.

No entanto, a experiência da morte ocupa uma posição bem central na história da humanidade. Poder-se-ia até mesmo afirmar: ela introduz o seu tornar-se-humano. Até onde a nossa memória humana alcança, podemos ver o fato de as pessoas enterrarem seus mortos como a característica indiscutível do modo de vida humano. Já em épocas bem remotas os enterros eram realizados conferindo-se infinitos cuidados através de cerimônias, adereços e arte, reservados à honra dos mortos. Para o leigo é sempre uma surpresa saber que todas as fascinantes obras artísticas daquela época que nós admiramos eram, na verdade, oferendas. Com isso, o ser humano se diferencia de todos os outros seres vivos, tão diferenciado como o é através da posse do seu sistema de linguagem. Mas o surgimento daquela característica talvez seja até mesmo anterior ao da linguagem. De qualquer modo, a documentação do culto aos mortos remonta à pré-história, numa época bem anterior à da transmissão de sistemas linguísticos humanos.

Certamente não é possível reconstruir a representação de mundo que fundamentava os antigos costumes fúnebres. Porém, seja qual poderá ter sido a representação de vida e morte presente nos cultos aos mortos nas diferentes fases de nossa pré-história, poder-se-á afirmar que eles tinham algo em comum: todos exprimem a ideia de que as pessoas não podiam e não queriam admitir o não-mais-estar-aqui do morto, o fato de ele ser extinto, o seu definitivo não-mais-pertencer a esse mundo. Nisso há uma incontestável indicação da relação entre o nosso sentimento consciente e autoconsciente de existência da vida e a incompreensibilidade da morte. Para qualquer vivente há algo de incompreensível no fato de que essa consciência humana, que se projeta para o futuro, desapareça. E assim, o acontecimento desse desaparecimento é algo assustador aos olhos daqueles que o presenciam. Com belos versos poéticos, Hans Carossa expressa algo do autoentendimento da existência da vida humana e do sentimento dessa existência e do seu final. Os versos são: "Nós não o ouvimos quando a melodia divina sussurra, nós o escutamos somente a partir do momento que ela emudece".

Considerando o nosso mundo cultural esclarecido, faz sentido falar até mesmo de uma repressão sistemática da morte. Basta lembrar como antigos ritos e ordens culturais reservavam à morte um lugar solene na vida social e como as pessoas próximas ao falecido permaneciam guarnecidas na vida coletiva e na continuação da vida através de suas práticas cerimoniais. Alguma coisa disso ainda está presente nos dias de hoje – no entanto, manifestações como as das carpideiras das antigas culturas, que representavam dramaticamente as lamentações de todos, certamente não seriam concebíveis e suportáveis ao ser humano civilizado de hoje.

A experiência da morte

Por outro lado, é necessário entender a repressão da morte como uma atitude primitiva propriamente humana do indivíduo, que ele adota para a sua própria vida. Com isso, ele apenas se subordina aos esforços da sabedoria total da natureza para se reunir nesta tarefa de fortalecer, de qualquer maneira, o querer-existir da criatura, tão logo ela seja ameaçada pela morte. A força das ilusões, com as quais os doentes graves ou moribundos se apegam à vontade de viver, fala uma linguagem inconfundível. Tem-se de perguntar o que significa, afinal, o saber sobre a morte. Existe algo como uma profunda relação entre saber e morte, o saber acerca da própria finitude, quer dizer, da certeza de que um dia vamos morrer, e, por outro lado, o impetuoso e urgente não-querer-saber desse tipo de consciência.

Numa profunda reinterpretação da mais antiga tradição mítica, o trágico poeta grego Ésquilo, no seu drama de Prometeu, tratou da questão da morte e seu significado para a vida humana. Prometeu, o amigo dos homens, chama atenção para o fato de o seu mérito para com o ser humano não ter sido tanto a dádiva do fogo e o domínio de todo o tipo de habilidade ligada ao fogo, mas ter lhes retirado o saber acerca do momento da sua morte. Antes de Prometeu ter conferido aos homens o dom de dissimular a própria morte, eles teriam vivido miserável e inativamente em cavernas e não teriam criado nada daquela obra cultural duradoura que os distingue de todos os outros seres vivos.

O sentido profundo dessa história é que o poeta questiona o mito do domínio do fogo e o despertar das habilidades a ele ligadas e reinterpreta a última e mais profunda motivação desse mito como, por assim dizer, a verdadeira dádiva. Com isso, ele supera o orgulho cultural do antigo Iluminismo, da forma como isso se apresenta na forma platônica colocada na boca de Protágoras "Entendimento artístico e fogo" (*Kunstverstand und Feuer* ἔντεχνος σοφία σὺν πυρί, Prot. 321d). É a motivação através da referência à morte que confere a profundidade de sentido ao drama de Ésquilo. Aquela dádiva consiste no fato de a previsão do ser humano em relação ao seu futuro emprestar ao seu futuro o caráter de um presente tão apreensível que ele não consegue mais conceber o pensamento do fim. Alguém tem futuro enquanto ele não souber que ele não tem futuro. A repressão da morte é a vontade de viver. Nessa medida, o saber acerca da própria morte encontra-se sob condições estranhamente peculiares. Pode-se questionar, por exemplo, quando a criança aprende a conceber a morte. Eu não estou certo se na psicologia moderna há uma resposta mais ou menos segura para isso, a qual pelo menos para a sociedade esclarecida de nosso círculo cultural viesse a ter validade. Isso, provavelmente, pertence à relação descrita entre vida e repressão da morte de que o saber acerca do próprio ter-de-morrer permanece como que encoberto, mesmo quando se fixa lentamente como um saber interno muito profundo no ser humano na medida em que ele se desenvolve. E mesmo onde o saber mais claro e maduro acerca da morte próxima se faz sentir e não se deixa mais ocultar, a vontade de viver e a vontade de futuro são, conhecidamente, tão fortes que eles não estão mais preparados para executar nem mesmo as formas legais de um último desejo. Outros, por sua vez, tratam o dispor de algo que lhes é próprio, o qual eles fixam no último desejo, quase como uma espécie de confirmação da própria vida e de um ainda-estar-aqui.

Pode-se então, certamente, afirmar que o mundo civilizado moderno procura, veementemente, e com fervor exagerado, conduzir a tendência repressora, que se enraíza na própria vida, à perfeição institucional e, por isso, desloca a experiência da morte completamente para a margem da vida pública. É um fenômeno surpreendente o fato de, apesar disso, se formar uma persistente resistência a essa tendência da civilização. Não se trata apenas de os laços religiosos, que perduram nas formas de enterro e de culto dos mortos, frequentemente reviverem quando há um caso de morte. Em outras culturas, nas quais a força do Iluminismo moderno se impõe somente com lentidão, isso vale ainda mais, sobretudo porque a tradição religiosa havia desenvolvido nessas culturas formas de culto bem mais ricas. Mas, mesmo em uma época de um propagativo ateísmo de massa, também são mantidas tais formas de culto pelos descrentes e os, de fato, totalmente

A experiência da morte

secularizados. Assim acontece nas festas da vida, como o batismo e o casamento cristãos e, plenamente, quando se trata das festas da morte, como o enterro cristão e homenagens comemorativas póstumas. Mesmo nos países ateístas é permitida a prática de costumes cristãos ou de outras religiões, juntamente com as homenagens fúnebres políticas e seculares. Ainda que se trate apenas de uma concessão por um determinado período, isso exprime muita coisa. É significativo que isso seja legitimado pelas sociedades secularizadas do assim chamado mundo livre. Em toda a parte paira o temor perante o mistério da morte, como se fosse o outro lado da repressão dela na consciência do indivíduo vivo, o estremecimento perante o seu caráter sagrado, o assustador que provoca o silêncio, o desaparecimento definitivo de alguém que há pouco ainda estava vivo. Aqui, especialmente a unidade genealógica da família parece defender uma força vital religiosa profundamente arraigada. Em algumas culturas, como no Japão ou na antiga Roma, o culto dos antepassados possuía uma função religiosa que chegava a ser decisiva. Mas também no espaço da cristandade ocidental a homenagem aos mortos mantém um lugar firme. Ela acaba abrangendo uma série completa de gerações de mortos que permanece na memória e na reverência e, com sua configuração cristã ou de outra religião, forma algo como uma contrapartida em relação à própria ordem da vida. No nosso mundo ocidental isso pode até ter sido transformado em formas seculares racionais de organização – como, por exemplo, na experiência contrastante da "transferência de propriedade" dos túmulos em nossos cemitérios. Mas, mesmo nessas transações burocráticas, manifesta-se algo do saber em torno da especificidade do culto aos mortos. Isso pode ser apresentado através de um exemplo. Uma experiência muito antiga que, para além de quaisquer ideias transcendentais religiosas, comprova até hoje a sua força vital, é o fato de a despedida definitiva, a qual a morte exige dos que ficam, provocar uma transformação da imagem do morto na consciência e na memória dos sobreviventes. Não falar mal dos mortos é um preceito que mal pode ser denominado de "preceito". Trata-se de uma necessidade quase insaciável do ser humano, não apenas preservar na memória a forma do falecido, a qual durante o período da despedida foi transformada, mas também forjar, com seus aspectos produtivos e positivos, algo como uma forma transformada em ideal e, logo, em ideal imutável. É difícil de dizer o que é esta experiência de uma espécie de presença alterada do falecido que surge com a despedida definitiva.

A partir dessas formas secularizadas de memória, ainda se pode compreender os profundos impulsos presentes atrás das ideias religiosas do além e, sobretudo, a necessidade de acreditar na imortalidade da alma e no reencontro no além. Essa representação cristã, que encontra semelhante correspondência em vários cultos pagãos, expressa claramente como a essência do ser humano parece exigir a superação da morte. Aquilo que aos espíritos crentes vive como uma certeza inabalável talvez seja experimentado por outros antes como uma saudade melancólica – mas em nenhuma parte é tratado como algo sem importância que é facilmente desconsiderado. É como se a repressão da morte, da maneira como ela pertence à própria vida, devesse ser reparada por aqueles que ficam como se lhes fosse algo natural. A crença religiosa e a pura secularidade unem-se para homenagear a majestade da morte. As propostas do Iluminismo científico encontram no mistério da vida e da morte uma fronteira intransponível. Mais: nessa fronteira há a expressão de uma verdadeira solidariedade entre todos os seres humanos, porquanto todos defendem o mistério como tal. Aquele que vive não pode aceitar a morte. Aquele que vive tem de aceitar a morte. Nós somos caminhantes da fronteira entre esse mundo e o além.

Ter-se-á de esperar que tal experiência-limite, sobre a qual apenas as mensagens religiosas permitem uma transcendência e um olhar para o outro lado, deixe aos pensamentos filosóficos pouco espaço para seus questionamentos, fundamentos e etapas racionais – mas, sobretudo, ter-se-á de esperar que a filosofia possa pensar o ser humano perante a morte sem frequentemente olhar o além religioso (seja promessa de salvação ou condenação, como o juízo final). No entanto, para aquilo que entre nós se designa filosofia, isso significa

A experiência da morte   75

que, em geral, a questão filosófica somente pode ser coloca-da da perspectiva do paganismo grego e do monoteísmo ju-deu-cristão-maometano.

Dessa maneira, o pensamento grego deve se questionar: se o inseparável pertencimento mútuo entre vida e morte e sua rigorosa exclusão mútua carregam todo o peso do factual, como é possível pensar o divino? Na qualidade de imortal, ou de imortais, os deuses devem ser, ao mesmo tempo, o mais elevado, no sentido mais elevado de ser vivo. Isso conduz o pensamento a diferenciar no próprio ser vivo entre o que não morre e o que experimenta a morte: a alma é considerada como imortal e, assim, com a caracterização através da mes-ma palavra, *athanatos*, divide também a essência com os deuses, com os imortais. O primeiro pensador grego que tra-tou com audácia da união interna não apenas entre vida e morte, mas também de imortais e mortais, foi provavelmente Heráclito em alguns de seus versos enigmáticos. Um deles diz assim: "Imortais mortais, mortais imortais – vivos neste morrer, neste viver mortos" (Frag. 62). Seja como for que se pense a solução desse enigma, ela não é possível sem que se pense a psique, a alma, na qual se consome a pessoa que se exclui a si própria.

O *Fédon* de Platão trata dessa consequência naquela conversa que o Sócrates condenado à morte mantém com seus amigos no dia, em cuja noite ele terá de beber a taça de veneno. A serenidade religiosa com a qual Sócrates analisa e rebate a imortalidade da alma é a mais forte consolação que a criança que há em nós, a qual não se conforma completa-mente com nenhum argumento, encontrou no mundo anti-go. Com isso, o Sócrates prestes a morrer tornou-se um exem-plo para todas as gerações posteriores. Eu lembro aqui o sá-bio estoico e sua inabalabilidade perante a morte, como que demonstrando, assim, ser, de fato, uma pessoa livre. Mesmo ainda para o suicídio, o qual não lhe era proibido, é exigido a prova da livre e resistente determinação, pois, no aspecto reli-gioso, somente era permitida a morte através do contínuo je-jum ou a morte através do lento sangramento em pleno es-tado de consciência. Conhecido é também o exemplo de Epicuro que combatia o medo da morte com argumentos e, ao mesmo tempo, assim elevava a arte de viver à mais alta perfeição. Lessing, tão bem como um humanista como filho do moderno Iluminismo, salientou num conhecido tratado o fato de a Antiguidade ter pensado e concebido a morte como a irmã do adormecer e não como a terrível caveira humana da Idade Média cristã.

Mas nós todos vivemos hoje, precisamente, sob as condições do moderno Iluminismo. Assim, não nos é permitida a inserção em mundos consoladores ornamentados, como descritos por Lessing. O que constitui a dureza e rigor do moderno Iluminismo é ele se dever a uma ciência que se desenvolveu, ela própria, a partir da remodelação cristã da Antiguidade pagã. O aspecto além-mundo de Deus infligiu ao conhecimento humano sua autoafirmação, acabando, com isso, por transformar a própria tarefa do conhecimento. Uma nova mentalidade voltada à mensuração e um novo ideal da construção racional fundam um novo império. Ele é regido pelo ideal do saber próprio do dominador que, enquanto pesquisa, expande constantemente os limites do dominável. Mas, se é verdade que também esse Iluminismo científico, como aquele do mundo antigo, encontra seus limites na inconcebibilidade da morte, então permanece também verdade que o horizonte de perguntas, no qual pode se movimentar o pensamento perante o enigma da morte, é delimitado por tais doutrinas de salvação, para nós os cristãos em todas as suas variações de igrejas e seitas. Ao pensamento reflexivo deve ser algo tão inconcebível como evidente o fato de a verdadeira superação da morte não poder residir senão na ressurreição dos mortos – aos crentes trata-se da suprema certeza, aos outros algo inconcebível, mas não mais inconcebível que a própria morte.

Experiência corporal e objetivabilidade

Trata-se de uma modestíssima tentativa de reflexão o que eu gostaria de propor aqui sobre o tema "Corpo e corporeidade e objetivabilidade". Eu gostaria de tornar consciente aquilo que, no fundo, todos sabemos, através da ciência moderna e seu ideal de objetivabilidade, é exigido de todos nós um poderoso distanciamento, sejamos médicos ou pacientes ou até mesmo apenas cidadãos atentos e preocupados.

Isso vale tanto mais, quando se percebe que a nossa tradição filosófica – a qual eu pertenço enquanto discípulo da Escola de Marburgo, como fenomenólogo e como discípulo de Husserl e Heidegger – pouco fez para tornar consciente o tema corpo e corporeidade e sua singular ocultação. Não é por acaso que o próprio Heidegger teve de admitir não ter refletido tanto sobre o tema do corpo, não ter lhe dedicado tanto sua força de reflexão, quanto em relação a tantos outros temas importantes de nossa existência. Eu também acredito não ser um acaso que a esfera da singularidade e de tudo o que nos é percebido através da experiência e forma de doação do corpo, todo o rico tema das formas cinestésicas, com as quais o corpo é experimentado e sentido, tenha sido considerado pelo admirável talento fenomenológico-analítico de Edmund Husserl, é certo, como uma tarefa essencial, mas, apesar disso, como uma tarefa que chega às raias do desempenho possível.

Quando se está diante desse fato, coloca-se, então, a questão fundamental, se em nossa situação mundial não haverá tarefas da existência humana, cujo agravamento através do *ethos* de rendimento da ciência moderna coaja nossa cultura ocidental a um autoexame crítico. Nós devemos estar consci-

78   O caráter oculto da saúde

entes disso e eu já me referi expressamente sobre o significado de irmos ao encontro de uma civilização mundial na
qual perfectibilidades técnicas se misturam com novas e diferentes correntes tradicionais de vida cultural e talvez nos conduzam a novos impulsos para a realização de nossas tarefas para com a humanidade.

"Corpo e corporeidade" – isso soa quase como um jogo de
palavras, como "Corpo e vida"[22] e, assim, acaba gerando para
nós uma presença mágica. Ela ilustra a absoluta indissolubilidade entre corpo e vida. Deve-se até mesmo se perguntar se
haveria a questão sobre a alma e um discurso a respeito de
alma se o corpo não experimentasse sua vitalidade e sua decadência. Talvez Aristóteles ainda tenha razão até os dias atuais,
quando afirma que a alma não é outra coisa senão a vitalidade do corpo, esse em si mesmo plenificado ser-aí humano no
mundo de nosso eu, o qual ele denominou *enteléquia*.

Por outro lado, conhecemos a perspectiva exterior do mundo e, entre todas as suas formas de aparição, também nossas
experiências corporais, cujo objeto a ciência moderna, com
seu procedimento metodológico, trouxe para a objetivação,
uma investigação da qual a ciência não pode se esquivar e
cujos resultados a prática não deve ignorar. Mas isso não exclui a possibilidade de percebermos os limites daquilo que,
dessa maneira, é reconhecível e a possibilidade de que isso
desperte uma consciência hermenêutica para se admitir os limites da objetivabilidade em geral. Assim, coloca-se a ques

---

22. Para entender o jogo de palavras a que o autor se refere é necessário ter conhecimento da expressão em alemão. Na anterior, *Leib und Leiblichkeit*, o jogo é percebido: ao se ler a tradução para o português "Corpo
e corporeidade", percebe-se a semelhança entre as duas palavras. Já "Corpo e vida" não indica a semelhança presente em *Leib und Leben*, pois não
se encontra uma palavra em português para *Leben* que seja semelhante a
"corpo" e que traduza o seu respectivo significado (além disso, *Leib und
Leben*, enquanto expressão, significa uma situação ou indicação de que há
uma ameaça para a vida e para o corpo, e por isso também pode ser um
modo de intensificação de um momento importante; em português algo
como "vida e morte"). Priorizando o significado da palavra em português, optei por "Corpo e vida" [N.T.].

tão: como ambas podem andar juntas, a experiência do corpo e a ciência? Como uma emana da outra? Como uma, a ciência, é novamente alcançada pela outra – ou a experiência da singularidade se perde definitivamente em algum novo banco de dados ou em outras instalações mecânicas? Esta é a questão perante a qual me encontro em minha meditação. Aqui está em jogo o destino da nossa civilização ocidental. Quem sabe se e de que maneira será possível alcançar um novo e fecundo equilíbrio entre a perfeição de nosso pensamento instrumental e os valores humanos de outras culturas e a nossa própria tradição semienterrada. A primeira questão que devemos enfrentar, se quisermos nos aproximar mais do enigma de nossa corporeidade, é: por que corporeidade é tão recalcitrante e se protege de tematização? Certamente, sempre se refletiu sobre o enigma da corporeidade, já que sempre houve doença. Em todas as culturas existiram médicos ou pessoas sábias que prestavam auxílio aos doentes, ainda que, frequentemente, sem qualquer base equivalente à ciência. Pergunta-se como a ação médica era inserida num todo de ordem mundial social e de orientação universal, e como isso se parece hoje.

Assim, encontro-me diante da seguinte questão: o que acontece, realmente, com a possibilidade de perceber o corpo tão somente como corpo – e tratar o corpo como corpo? O que significa, de fato, essa pequena forma e brevidade de duração de nossa vida na dimensão e na totalidade do universo? Qual é o nosso lugar na totalidade do ente? Quando questiono dessa maneira, qualquer um se torna consciente de que se trata aqui de um tema de importância fundamental: corpo e sua separação de algo como alma – seja entendido religiosamente ou de outra maneira, é um inevitável motivo de reflexão. Como a nossa corporeidade põe-se em harmonia com o enigmático fenômeno da consciência reflexiva, a qual, independente de toda fixação corporal e temporal, sempre se extravia cada vez mais no indeterminado, continuando a refletir além? Como isso se relaciona com a nossa tarefa enquanto seres humanos, a de sermos seres naturais pensantes, e como podemos conseguir com que nossa razão instrumental, sobretudo levando em conta a imensa dimensão de seu desenvolvimento atual, volte a se conectar de forma produtiva e não lamentável ao todo de nosso estar-no-mundo? Como é possível, de fato, executar essa tarefa?

Ocasionalmente intentei trabalhos sobre "Apologia da arte de curar" e outros temas semelhantes, nos quais eu partia da experiência grega de mundo. É um procedimento certamente natural partir de nossa origem ocidental para delinear nossas reflexões críticas sobre nosso futuro. Ao refletir sobre tais coisas, a lembrança que já há muito tempo conduz meus pensamentos é uma famosa passagem do *Fedro* de Platão. Nela se afirma que, como haviam dito famosos médicos gregos, o tratamento do corpo pelo médico não é possível sem o tratamento da alma, ou ainda mais, que talvez nem sequer isso baste, mas que ele também não é possível sem o saber sobre o ser total. O ser total é chamado em grego: *hole ousia*. Quem entender essas palavras em grego, escutará na expressão "o ser total" também "o ser são". O ser integral do todo e o ser sadio da pessoa sã, a sua saúde, parecem estar estreitamente ligados. Quando estamos doentes, também dizemos que algo nos falta.

O que aprendemos deste fato linguístico? Nós temos de admitir que somente a partir da perturbação do todo há a conexão entre uma consciência genuína e uma autêntica concentração do pensar. Eu sei apenas como a doença, esse fator de perturbação de alguma coisa que quase não percebemos quando de sua imperturbabilidade, torna-nos presente ao extremo nossa corporeidade. Nós estamos lidando aqui com um primado metódico da doença sobre a saúde. Sem dúvida, a ele está contraposto o contraprimado ontológico do ser-são, a naturalidade do estar vivo, que faz com que, ao ser percebida, passamos, antes, a preferir falar de bem-estar. Porém o que é o bem-estar senão exatamente o fato de não se estar direcionado a isso, mas estar, desimpedidamente, aberto e preparado para tudo?

Wolfgang Blankenburg utilizou uma vez a expressão "está aí". Com Heidegger, todos nós aprendemos que esse "está aí"

Experiência corporal e objetivabilidade 81

não possui o caráter da objetividade. Por isso, Blankenburg a utilizou naturalmente para a caracterização da experiência do corpo. De qualquer modo, permanece aqui o ponto decisivo, a saber, que nesse "está aí" o ser humano está presente em seu estar-entregue, em seu estar-aberto e em sua abertura, em sua receptividade espiritual para tudo que seja. Os gregos tinham para isso – eu devo me desculpar, se utilizo continuamente palavras gregas tão belas – a palavra *nous*. Ela, originalmente, designava o farejar do animal selvagem, quando ele não sentia outra coisa senão que "algo está aí". Isso vale ainda mais para os seres humanos, ter essa enorme possibilidade de se entregar e permitir ao outro estar-aí completamente. A partir daí, o verdadeiro tema aqui tratado, "doença e corporeidade", torna-me acessível de um modo especial.

Todos nós sabemos como o médico começa: "Então, o que está faltando"[23]? ou como alguém gostaria de saber de si mesmo: "O que está me faltando na realidade"[24]? Essa é uma pergunta, a qual nós como pacientes, empregando um alemão informal, poderíamos direcionar ao médico examinador que nos assiste. Não se trata de algo especial que o faltar de alguma coisa, a qual nós não sabemos o que é, garanta-nos o maravilhoso ser-aí humano no mundo da saúde? No faltar percebo tudo o que estava aí – não, não "tudo o que", mas "*que* tudo estava aí". Isso se designa bem-estar. Ou se diz "eu estou bem". Nisso residem, como presenças verdadeiras, o estar desperto e o estar-no-mundo. Presença não significa aqui aquele algo enigmático de tempo, no seu sentido estrito, como consequência de pontos do agora contados no seu ser-agora. Aqui, presença significa, antes, algo que, com seu comparecimento preenche um espaço. De modo que falamos de um

---

23. A tradução do sentido da expressão *Na, wo fehlt's denn?* é algo como "Então, o que você tem?", pergunta típica feita pelos médicos. Nela Gadamer quer explorar o sentido do verbo *fehlen*, que basicamente significa "faltar", para empregá-lo na sua análise. Para privilegiar o entendimento do leitor em relação ao contexto da linha de pensamento do autor, optei por uma tradução literal da expressão [N.T.].

24. Cf. nota anterior [N.T.].

82   O caráter oculto da saúde

grande ator que ele tem presença, mesmo que esteja, naquele momento, nos bastidores, enquanto os outros ao seu redor trabalham duro! Ou percebemos também no estadista, na forma de sua presença quando ele entra no salão. É um tipo de comparecimento, em que o nosso verdadeiro ser-aí humano no mundo atinge, por assim dizer, seu *télos*, sua perfeição. A palavra *enteléquia* é a fascinante expressão encontrada por Aristóteles para descrever isso. Ela exprime, por assim dizer, em si mesma, o completo ser-acabado e ser-pleno do sendo-aí humano no mundo. O que é a revolta contra isso, essa perturbação que, quando alguém não se sente bem[25], conduz ao estranhamento, sim ao estranhamento, por fim, de tudo o que está no exterior.

Nos últimos versos escritos por Rainer Maria Rilke, que morreu há sessenta anos num hospital suíço, vítima de uma grave e incurável doença no sangue, ele, nas chamas lancinantes da dor que o consumia, exprimiu como a dor lhe causava uma alienação de si mesmo: "Ó vida, vida, estar fora". É nessa dimensão que a doença nos afasta do grande e vasto exterior, do estar de fora de nossa experiência de mundo, e nos recolhe ao interior. O que aqui é experimentado ao extremo contém uma verdade geral, que não nos foi inculcada apenas pela religião cristã, cuja história da paixão desde cedo nos acompanha. Em todas as culturas se conhece algo sobre a interiorização através do sofrimento e suportabilidade da dor. Assim, o nosso tema se apresenta em sua singular ambivalência, a saber: de um lado, o maravilhoso revestimento, no qual nos deixamos envolver, de modo que nos tornamos leves e sentimos a total leveza da ascendente sensação de vida em nós; de outro lado, conhecemos o sentimento de pressão, algo a nos puxar para baixo até os sinistros demônios, dos quais nós escutamos de nossos amigos médicos quando eles descrevem a hipocondria e a depressão. Todos nós conhecemos um pouco disso. O que não se passa com o ser hu-

---

25. De acordo com a explicação do seu sentido em nota anterior, a tradução literal aqui seria "quando falta algo a alguém" [N.T.].

Experiência corporal e objetivabilidade 83

mano entre essas exaltações e depressões! O que a nossa interferência humana pode desempenhar diante dessa tarefa, quando nós, do outro lado, como médicos que curam, temos diante de nós o crescente domínio das coisas através de uma corporeidade que se tornou instrumental?

Eu me pergunto: os gregos possuíam mais condicionamentos gerais para a solução de tal tarefa do que nós? Isso se manifesta, por exemplo, na passagem do *Fedro*, na qual se trata da preservação do corpo, da preservação da alma e da preservação do todo em um; ou quando Platão, em sua grandiosa utopia de *A república*, descreve a saúde como a verdadeira retidão do cidadão na cidade ideal, a saber, uma harmonia na qual tudo é coerente, na qual até mesmo o problema fatal de dominação e ser dominado é "sobreformado" através do consentimento recíproco, através do consenso de todos com todos. O grande segredo da "harmonia", esse acordo e arranjo dos mutuamente opostos, ecoa na expressão que também nos é familiar: é o destino do dissonante. O mais profundo lemos em Heráclito: "A harmonia que não aparece é mais forte que a que aparece". Heráclito está visando aqui algo como o mistério da saúde? Ao refletir sobre essas questões tentei, por exemplo, orientar-me sobre o significado da dor. Percebe-se como a dor torna-se algo diferente e como o sofrimento, infligido pela dor, torna-se algo diferente, quando, com o passar do tempo, não são acompanhados pela expectativa do cessar ou da certeza de poderem ser afastados. Nós conhecemos isso da medicina atual com sua virtuosa capacidade de "afastar" a dor e o que dói e, às vezes, talvez não apenas, o sintoma. Nós conhecemos também da medicina moderna o quanto, por seu lado, esse afastamento da doença, que frequentemente passa tão rápido, retirou a verdadeira importância da doença na vida humana. Toma-se algo para combater a doença e, então, ela desaparece. Viktor Weizsäcker, com quem eu tive algumas conversas, antes de seu caminho ter se obscurecido, sempre perguntava: o que a doença diz ao doente? e não: o que ela diz ao médico? Muito mais importante, o que ela quer dizer ao doente? Isso pode até mesmo, talvez, ajudar ao doente, se ele aprender a fazer essas questões para si mesmo?

O que parece trivial àquele que está nessa expectativa de que as dores e doenças sejam passageiras, ou mesmo que desapareçam, é que elas não são um problema. A medicina moderna se viu, então, logicamente, confrontada sobretudo com doenças crônicas, para as quais se colocam outras tarefas. Nelas se depende do cuidado dedicado ao doente, no que também se exige o cuidado espiritual. O que significa essa nova importância da doença crônica na medicina moderna? Aqui o doente, evidentemente, tem de aprender a aceitar a doença e a viver com ela, à medida que a doença o permita. Pergunta-se então: o que se depreende disso, tendo em vista a doença terminal, do modo como ela foi tão fortemente formulada no poema de Rilke, que chega a dizer: não confunda isso com todas as doenças que você, com a esperança de cura, superou na sua vida. Deve-se aprender a aceitar viver com a doença, a aceitar uma doença crônica – sim, até mesmo uma doença crônica – sempre que se trata de vida ou morte?

No limite dessa questão surge para os leigos um terreno estrangeiro assustador e completamente inacessível que é chamado de reino das doenças depressivas ou mentais, com as quais o psiquiatra tem de lidar. O que é isso que não pertence às doenças orgânicas e somente com dificuldades podemos descrever através da simples relação com nossa corporeidade orgânica? O que é isso? Isso não tem nada da insubordinação do corpo que cai doente, isso, às vezes, não é um "isso me dói" e nem "uma falha de função". Tudo isso pode ser descrito como uma perturbação do bem-estar. É suficientemente curioso que se diga que se esteja convivendo bem com a doença e, com isso, pense-se até mesmo que se possa estar junto de algo bem diferente, que se possa estar junto de tudo o que se quer. Mas no caso das doenças depressivas e mentais se trata de uma perturbação bem diferente, de um mundo diferente e assustador. Mesmo ele é, certamente, dentro de determinada dimensão, passível de ser atingido pela perfeição de nossa capacidade de desempenho. Eu refiro-me aqui às possibilidades dos novos psicofármacos. Eu não consigo separar completamente esse novo ser-capaz-de-fazer de todas as instrumentalizações de corporeidade presentes na mo-

Experiência corporal e objetivabilidade

derna agricultura, economia e indústria. Qual é o significado de sermos e podermos tudo isso? Isso traz à vida humana uma forma de agressão totalmente nova. Não se trata de um ataque monstruoso, se, durante os efeitos gerados pelos psicofármacos, não forem eliminadas e aliviadas perturbações quaisquer, mas forem retiradas da pessoa suas próprias indisposição e perturbação mais profundas (sobre o que não se pode falar exatamente de uma simples retirada, como se pudéssemos também dominar isso)? Parece-me expressivo que tenhamos de conceder ao diálogo um significado bem central, tratando-se desta forma radical de perturbação, a qual nós ainda mal chamamos de doença, por exemplo, quando falamos de perturbação mental. Com isso eu penso não somente na terapia do diálogo, como ela foi desenvolvida pela psicanálise de observância rigorosa. Em cada ação médica há um conduzir o doente, no qual o diálogo e a comunhão desenvolvida pelo diálogo entre o médico e o paciente desempenham um papel decisivo. Da maneira como fica evidente na realidade plena da relação entre médico e paciente, seja como ela deva ser, em todas as perturbações, no final, não se trata tanto de uma retirada de algo, mas de uma nova inserção, uma reinserção no ciclo da vida humana, familiar, social e profissional, que se desenrola no meio da coletividade entre os seres humanos. O caso extremo da pessoa mentalmente perturbada e a tentativa de lhe ser prestativo na retomada de seu equilíbrio interno parece-me como um protótipo das experiências de perturbação e das tarefas de inserção, com as quais o ser humano, enquanto humano, sempre se viu e sempre se verá confrontado.

Aqui estão minhas verdadeiras esperanças, ou chamemos isso de desejos ilusórios: que, com a herança de todas as culturas da humanidade, da forma como ela lentamente vem nos alcançando, a partir de extensões e distâncias do planeta, pudéssemos conseguir aprender o suficiente para atingirmos o domínio de nossas dependências e a superação de nossas perturbações através de uma tomada de consciência. Corpo e vida afiguram-se-me sempre como uma espécie de dados da experiência que giram em torno da perda de equilíbrio à procura de novas situações do mesmo. Trata-se de um enigma e tanto o fato de uma leve vacilação do equilíbrio não ser nada e ainda o fato de uma vacilação, que quase chega a derrubar o indivíduo, volte a encontrar, sem consequências, uma situação de equilíbrio possível de ser atingida – e que, ao contrário, quando se ultrapassa o limite do equilíbrio, chega-se a um estado de desgraça irreversível. Esse modelo parece-me exatamente o modelo de origem do nosso modo de ser humano corporal, e não somente corporal. Mas a experiência de nossa corporeidade que reside nisso é elucidativa. É o ritmo do dormir e estar acordado, o ritmo do estar doente e da convalescença e, então, por fim, o ato de capotar e o movimentar-se da vida apagando-se e se transformando no nada do ser-diferente. Essas são estruturas temporais que modulam todo o nosso curso de vida. Elas confirmam a palavra do grande médico grego Alcmeon: os homens não são capazes de associar novamente o final ao começo, por isso eles têm de morrer. São palavras que descrevem clara e adequadamente a rítmica do estar vivo, a partir do final dessa rítmica, de sua situação-limite e de sua situação final. A ordem rítmica de nossa, como costumamos dizer, vida vegetativa, a qual todos nós vivemos, nunca se tornará totalmente substituível pela corporeidade "instrumental" – tampouco como jamais poderemos eliminar a morte. Nós podemos reprimi-la na consciência, o filme *The loved one* ilustrou-nos isso de forma inesquecível. Nós podemos ocultar e reprimir, fazer e substituir muitas coisas, mas, mesmo o médico que, com os recursos fantásticos da substituição mecânico-automática de aparelhagens, sabe como ajudar a superar as fases críticas da vida orgânica, vê-se, no final, perante a opressora decisão de quando ele terá a permissão de ou deverá abdicar daquela ajuda instrumental para a manutenção da vida em estado vegetativo, a fim de honrar a pessoa como ser humano. Nessas situações-limite – eu emprego um conceito importante introduzido por Karl Jaspers – encontramos ensinamentos para todas as nossas limitações. E, assim, nós também temos de nos questionar, o que significa para nós a ciência e a sua capacidade de objetivação. O que pode fazer a intervenção, o que pode alcançar a nossa própria ação, o que podem obter a dependência da ajuda do outro e a talvez ainda mais acentuada dependência da autoajuda, a fim de que o ritmo original de nossa ordenada vitalidade coloque e recoloque a seu serviço inclusive as dimensões de desempenho de nossa vida na sociedade atual, essa aparelhagem automatizada, burocratizada e tecnicizada?

Hoje em dia, nós percebemos muito – e talvez isso seja um dos primeiros sinais de esperança perante uma situação mundial crítica – e nós ouvimos muito falar-se de um despertar de uma consciência ecológica. Parece-me notável que, com isso, sirvamo-nos de uma palavra que, na troca vital dos seres humanos, ainda não ocupe um grande espaço. A palavra grega *oikos* significa a casa natal. Assim também falamos da economia doméstica. Aprende-se a gerenciar a casa, com seus meios, com suas forças, com seu tempo. Mas a palavra possui uma abrangência ainda maior. Ela abrange não somente a capacidade de se entender bem consigo mesmo, mas também de se entender bem um com os outros. Aprender a realmente aceitar o estado de dependência em relação ao outro considerando, ao mesmo tempo, o próprio ser-aí humano de cada um, parece-me a ajuda que o ser humano pode encontrar para si mesmo, assim como ele, de acordo com as possibilidades, sabe escutar, por assim dizer, o ritmo interior de vida que ele realiza consigo, e sabe não dar muita atenção ao ritmo de suas palpitações e aos mais leves de seus desvios, preservando-se através de reação inconsciente, de um relaxamento instintivo e da recuperação da leveza do próprio ser-aí humano no mundo e do ser-capaz-de-fazer.

Então, eu imagino que nós deveríamos ver como os problemas que são colocados pela corporeidade, precisamente por causa da não tematização e do sempre apenas relativamente episódico caráter da perturbação dessa corporeidade, como esses problemas também podem nos ensinar sobre o modo de lidar com toda a nossa aparelhagem civilizadora e todas as suas possibilidades instrumentais. Para isso, são necessárias as outras habilidades para a economia doméstica, que talvez sejam mais importantes que as poupanças que sempre voltam a se consolidar numa bem conduzida economia doméstica. Essas outras habilidades significam muito mais, elas abrangem não apenas eu mesmo nas minhas habilidades, elas referem-se a casa. A casa é o coletivo, o habitual e o habitado, no qual o ser humano se sente "em casa". Não se trata de uma novidade, todos nós sabemos disso. Nós já esquecemos demais disso, no seu significado paradigmático, e, nessa medida, teremos de recordá-lo.

Eu não gostaria de cair na suspeita de que as minhas meditações apenas refletem a vontade irreprimível de um homem muito idoso de desenvolver perspectivas futuras em meio à escuridão. Eu penso, antes, ter razão em afirmar que devemos negar, com toda a seriedade, a possibilidade de a vida humana viver sem futuro. Essa é, como eu penso, nossa parte como ser humano, de fazer com que o futuro esteja sempre mantido novamente aberto e de abrir novas possibilidades. Se parto desse sentir fundamental, é porque certamente há muitas coisas, pequenas e grandes, que deveríamos, lentamente, voltar a exercitar mais. Em longo prazo, talvez, nossa sociedade progressista também consiga elevar novamente ao nível da naturalidade da própria consciência de valores o sentido de parcimoniosidade em relação a si e às pessoas mais chegadas, assim como a responsabilidade para consigo e para além de si mesmo. Não é totalmente impossível que o medo, a penúria e a necessidade, com o passar do tempo, levem-nos à razão. É bem provável que isso possa acontecer também no plano global. Nós ainda estamos, certamente, muito longe disso atualmente. Os assim chamados países subdesenvolvidos ainda não podem absolutamente acreditar que haja problemas ecológicos para a humanidade que possam atingi-los. Eles consideram nossas preocupações como medidas de proteção dos *beati possidentes*. Sem dúvida, não antevemos caminhos e saídas, mas, mesmo assim, teremos de nos perguntar se não haverá sempre possibilidades. Temos aí, por exemplo, a dissolução da pessoa. No interior da ciência médica, ela se realiza através da objetivação da multiplicidade de dados. Isso significa que na investigação clínica de hoje se é como que montado a partir de um fichário. Em caso

Experiência corporal e objetivabilidade 89

de montagem correta, os valores obtidos são realmente os da pessoa. Mas a questão é se o valor da pessoa também lá está.

Isso, evidentemente, não é o caso da situação do paciente na aparelhagem da clínica. Na grande aparelhagem da nossa civilização todos nós somos pacientes. O ser da pessoa é, claramente, algo renegado em toda a parte, mas que sempre, em toda a parte, volta a pertencer à recuperação do equilíbrio que o ser humano necessita para si mesmo, para a sua casa e para o seu sentir-se-em-casa. Isso vai além da área de responsabilidade médica e inclui o conjunto da inserção da pessoa na vida familiar, social e profissional. Essa tarefa não me parece colocada de forma abstrata, mas, continuamente, de forma concreta. Trata-se sempre de como inserir seu próprio autoequilíbrio no grande todo social, no qual se adquire colaboração e participação. Assim, parece-me haver muitos pontos, nos quais estamos em condições de não apenas perceber as carências mais constrangedoras, mas também de encontrar as possibilidades abertas para tornar mais humanas as coisas que se disseminaram na nossa ordem social instrumentalizada. Às vezes, isso se torna visível no encontro com um ser humano. Como, por exemplo, quando um político que, de repente, fala de tal maneira que não conseguimos, de modo algum, esquivar-nos às suas ideias e objetivos, porque nos sentimos compreendidos.

No entanto, a nossa existência social é tão organizada e coagida que o encontro se torna difícil e raramente dá um bom resultado. Eu não quero aqui começar a enumerar todas as possibilidades da relação humana entre os homens. Com as minhas últimas reflexões acima aludo a coisas que se relacionam com o meu próprio pensamento e com aquilo que chamo de experiência hermenêutica. É uma precondição da existência humana – que deve ser realizada. Eu penso aqui na precondição de que o outro talvez não apenas também tenha um direito, mas, antes, de que, talvez, possa ter também, de vez em quando, direito. Há um ensaio maravilhoso de Søren Kierkegaard com o título *Sobre o efeito edificante do pensamento de nunca termos razão contra Deus*. Há uma grande consolação nisso, porque nós mesmos, tão frequentemente, não temos razão e porque nos é tão difícil de reconhecer isso. Nós temos, por assim dizer, de aprender a reconhecer em todos os nossos erros e em todas as nossas presunções que eles são apenas possibilidades condicionadas de real superioridade e de inevitável suscetibilidade. Assim, eu penso que se deve estender a relação entre médico e paciente, que se encontra sob o paradoxo da impossibilidade de objetivabilidade da corporeidade, a toda a experiência de nossa própria limitação. Isso não é um caso especial. Hoje, vejo o problema da moderna razão instrumental especialmente na sua aplicação a coisas, com as quais todos nós, como educadores ou na família, na escola e em todas as instituições da vida pública, temos de lidar. Nós não podemos e não devemos simular à nossa juventude um futuro de conforto abundante e de crescente comodidade, mas lhe proporcionar uma alegria na responsabilidade compartilhada e na real convivência e solidariedade dos seres humanos. Sem dúvida, falta isso na nossa sociedade e no convívio de muitas pessoas. Os jovens, precisamente, sentem isso. Há um provérbio antiquíssimo sobre isso: a juventude tem razão.

Entre natureza e arte

É difícil dizer, em tão curto espaço de tempo, alguma coisa em si concluída sobre um homem como Viktor von Weizsäcker e sobre a sua obra – sobre os problemas nos quais ele tinha de trabalhar e nos quais nós temos de trabalhar. Talvez eu deva interpretar esta minha contribuição como a continuação de um diálogo que eu sempre procurei manter com Viktor von Weizsäcker em encontros ocasionais. Como leigo que sou na área da ciência e da arte médica, eu não estava, naturalmente, em condições de participar de modo produtivo no aspecto puramente médico das coisas. Mas sempre foram de meu interesse o tema do ciclo formal (*Gestaltkreis*) e o da forma (*Gestalt*) no pensador suabo, o qual sabia ocultar seus próprios pensamentos de um modo quase críptico.

Assim, o ciclo formal era para mim mais um símbolo e como que um convite para a reflexão conjunta, pela qual eu esperava ao ir, em 1949, para Heidelberg, onde retomei os meus antigos contatos com Viktor von Weizsäcker. Em razão da sua doença, aqueles diálogos infelizmente não se realizaram mais. Assim, eu gostaria hoje de, ao invés de uma contribuição produtiva própria, expor um pouco as questões que eu lhe teria colocado. O que mais me ocupava e continua me ocupando não é seguramente o que estaria reservado somente à competência do médico e à sua experiência reflexiva. Quando coloco a minha questão sob a fórmula "entre natureza e arte", não estou, dessa maneira, pensando em alguma contribuição em relação àquilo que nós, no uso corrente, geralmente designamos "arte", mas naquela essência do ser-capaz-de-fazer, que a todos nós é conhecido como o perigoso dom do ser humano. "Arte" significa aqui, então, no sentido da antiga "techne", o saber e o ser-capaz-de-fazer que sabe, a partir do qual a Antiguidade grega deu os primeiros passos em direção à nossa atual virtuosidade e à nossa ciência que domina o mundo. Esse era, se é que posso afirmar dessa maneira, o tema-meta que pretendia para esses diálogos com Viktor von Weizsäcker, os quais nunca tiveram vez e não foram concedidos pelo destino.

Certamente não é necessário pertencer à civilização ocidental e ter sido educado pela linha especial de seu pensamento conceitual para ter uma consciência segura da singular posição transversal que o ser humano ocupa no todo da natureza que nos cerca e nos carrega. Em seu redor está o evidente movimento circular das coisas que nos cerca como uma espécie de modelo no pensamento primitivo, e assim também o foi em nosso próprio círculo cultural ocidental, o qual não chamamos por acaso de um "círculo". Alguém como Platão empreendeu, desse modo, a descrição do todo das visões de mundo observadas e ousadas por ele: eis o ciclo da alma, o ciclo da cidade, o ciclo do cosmo, que se apresentam a nós em seu singular aspecto de estar um junto ao outro, um no outro. Esse pensamento é como uma elevada sabedoria perante o nosso atrevimento de um ser-capaz-de-fazer sempre mais abrangente. No entanto, esse poder é precisamente o nosso verdadeiro equipamento humano, que provocou a crítica situação mundial, na qual se encontra atualmente a raça humana neste planeta. Nós, seres humanos, desenvolvemos o nosso saber e ser-capaz-de-fazer em direção a uma posição básica geral que abrange tudo face à natureza e ao mundo humano. E continuamos a estimular isso, sem medida. Essa é a crise na qual nos encontramos e da qual apenas podemos esperar que, como a crise de um doente, possa nos conduzir a um novo equilíbrio, a um novo ciclo vital, a um novo ciclo espiritual e a um novo ciclo de harmonia com o cosmo. Aquilo que Viktor von Weizsäcker já outrora designara ciclo formal, essa interação interna recíproca de percepção e movimento, era uma sabedoria grega muito antiga: *krinein* e *kinein*, diferenciar e movimentar-se é a dotação peculiar dos seres vivos no todo da natureza. Nós também somos tais seres vivos. Mas nós somos seres vivos dotados, pela própria natureza, de uma tão ousada como arriscada distância de nosso próprio ser natural. Através dessa distância estamos, particularmente, expostos, e estamos especialmente expostos ao nosso futuro. Pois nós somos o ser que pensa o futuro e procura prevê-lo. É nessa particularidade que se baseia, ao mesmo tempo, a nossa própria autoameaça.

Seria um atrevimento partir da obra de um homem ou também de uma geração ou de um estado no desenvolvimento de nosso destino histórico, sem perceber a grandiosidade do desempenho dessa civilização europeia. Na Europa surgiu aquilo que cobre todo o mundo como se fosse um manto civilizador, sob o qual como que se escondem as culturas estruturadas e formadas. A exposição do ser humano, que é parte de todos os seres humanos, elevou-se ao extremo da autoameaça na civilização ocidental. Nós sempre podemos nos colocar, precisamente como tarefa geral da humanidade, como aprender a fazer recuar, no grande ritmo de equilíbrio da ordem natural, essa nossa tendência afastada de nós, essa tendência ao possível, ao desconhecido e ao arriscado. Ela nos antecede a cada decorrer do dia. O mistério do sono parece-me ser uma das experiências fundamentais, na qual o autoentendimento humano se manifesta na sua natureza e na sua vontade de romper. O que é amanhã, o que é um amanhã, que promessa e risco; isso é experimentado por todo o ser humano todos os dias, a cada manhã. É precisamente aqui, nessa via entre o sono e o estar desperto, entre o relaxamento e o esforço, que se encontra o peculiar equipamento humano de desenvolver e manter a unidade consigo mesmo para atingir os mais arriscados objetivos. Eis o que encontramos na nossa constituição básica humana e o que um médico reflexivo sempre reconhecerá como sua tarefa fundamental: não apenas a recuperação do doente, mas, com a recolocação, a restituição e o retorno ao seu ser-capaz-de-fazer e ao seu ser, devolver-lhe a unidade consigo mesmo.

E assim aconteceu, não por acaso, que Viktor von Weizsäcker, um homem altamente capacitado em muitas coisas, o qual certamente teria se tornado uma grande eminência acadêmica como psicólogo na escola do senhor Von Kries,

94 O caráter oculto da saúde

da mesma maneira que poderia ter se lançado à aventura filosófica na qualidade de pensador singular e místico profundo que era, manteve-se firme na sua profissão como médico. Com isso ele confirmou sua dignidade humana e espiritual, decidindo-se sempre, por último, a favor dos doentes em todas as decisões de sua vida e, perante a doença, procurando reconhecer o grande enigma do ser saudável e transmitir alívio aos doentes.

Uma vez eu mesmo pude comprovar essas qualidades. Isso ocorreu já durante a guerra. Eu era professor em Leipzig, onde vagara a cátedra de Psicologia. A psicologia experimental de Leipzig tinha então uma posição de prestígio em todo o mundo. O Instituto de Psicologia de Wilhelm Wundt fora o primeiro a ser criado. Naquela época, em 1944, com a aquiescência da minha faculdade, propus a Viktor von Weizsäcker que trabalhasse conosco como sucessor do psicólogo Lersch, que havia se transferido para Munique. Acredito que eu sabia o que estava fazendo. Eu compreendia também, como o senhor Von Weizsäcker examinara aquela tentativa como se fosse uma atrativa tentação para, então, desistir de todos esses planos e de ter de retornar de Breslau para Heidelberg. O atrativo que tal proposta representava para ele era, certamente, o mesmo do significado da sua presença para nós. Dessa forma, teria sido chamado um pesquisador à psicologia geral, e isso significa, ao mesmo tempo, à filosofia, as quais necessitavam de uma nova reflexão. Naquela época, a psicologia já há muito deixara para trás sua origem na fisiologia sensorial e nos problemas da psicologia sensorial experimental de seu tempo. Com a pretensão de dominar cientificamente outras áreas da experiência humana psíquica, ela se envolveu no difuso de uma pragmática tipológica. Uma tarefa digna do grande pesquisador e do pensador livre nos parecia, assim, ser a de reconduzir a psicologia aos fenômenos primordiais da *condition humaine*, a qual, não podemos negar, somente se torna totalmente visível para nós no paciente, no doente, naquele para o qual falta alguma coisa. Os enigmas da doença atestam o grande milagre da saúde, o de todos vivermos e o de sermos sempre novamente presenteados com a felicidade do esquecimento, com a felicidade do bem-estar e da leveza da vida. Naquele tempo, a nossa ideia era a de que um médico, que tivesse a formação científica do pesquisador experimental e que, ao mesmo tempo, direcionasse sua linha de pensamento ao todo do ser humano, pudesse se unir a nós para um trabalho em conjunto. Nas horas derradeiras da guerra, essas ideias eram, certamente, ilusões. Porém, vive-se de ilusões, quando se está em um país que está sucumbindo, que havia se arruinado por sua própria culpa, e quando, no entanto, tem-se sempre de acreditar no futuro.

Von Weizsäcker viu com clareza suficiente que, no final, o regresso a Heidelberg e o regresso ao seu afazer médico lhe deveriam ser mais importantes que o trabalho em Leipzig, o qual conduzia à incerteza da teoria pura. Então, esta pequena apresentação biográfica que eu entremeio deve apenas esclarecer por que eu mantinha diálogos com Von Weizsäcker, antes e depois do seu retorno a Heildelberg, quando eu mesmo mudara para ali, e por que esperava discutir precisamente com ele o segredo do "ciclo", o segredo desse infinito que se automantém, que se apresenta na vida orgânica e que, como bem sabe todo leitor de Platão, torna-se tema em uma inesquecível passagem do *Fedro* platônico. Nela Sócrates diz a seu jovem companheiro que nós não podemos saber nada sobre a alma humana, também nada sobre o corpo humano, sem considerar o todo, o *holon* da natureza. Para aquele que sabe grego, a palavra grega já soa especial, diferente da expressão "o todo" utilizada por nós. Um *holon* é também o saudável, que em razão de sua própria vitalidade, em si fechada e sempre autorregenerante, inseriu-se no todo da natureza. Toda a tarefa médica deve considerar isso com grande interesse. Convém lembrar o quanto Viktor von Weizsäcker refletiu sobre essa questão, quanto tinha em vista a inverdade da doença. Com isso, ele pensava o seguinte: o que não se revela ao homem, o que é encoberto quando seu próprio estado de saúde corporal se esquiva como se fosse um tipo de rebelião? Não temos algo para aprender quando ficamos doentes até retornarmos àquele bem-estar da vida que testemunha um bem incrível e incompreensível?

96   O caráter oculto da saúde

O exemplo platônico pode nos fornecer um sinal. Platão diz ou faz com o que o seu Sócrates diga: se quiser de fato tratar a carência, o sofrimento, a doença do paciente, talvez o médico tenha de conhecer também não apenas a natureza da alma, mas a natureza do todo. Nós escutamos e sabemos também através de uma experiência milenar o quanto essa tarefa acabou se tornando uma arte de especial dificuldade, em consequência das necessidades e aquisições de nosso ser-capaz-de-fazer e do nosso saber. O curso da nossa história sempre forçou, não somente doentes e médicos, mas todo o nosso estilo de vida, a uma submissão cada vez mais intensa à lei da divisão do trabalho. Com isso, a nossa própria contribuição encontra-se reduzida a simples função em um todo não mais abrangível. Assim, em certo sentido, o médico é a profissão simbólica, já que sua tarefa não é um "fazer", mas um auxílio que facilita ao ser vivo o retorno à saúde e o regresso à sua vida. O médico nunca pode ter a plena ilusão do ser-capaz-de-fazer e do fazer. Ele sabe que, no melhor dos casos, ele auxilia a natureza a obter seu êxito e não a si mesmo e ao seu ser-capaz-de-fazer. Essa é, de fato, a posição singular da medicina no todo da ciência humana. É verdade que todas as nossas possibilidades de saber e ser-capaz-de-fazer são condicionadas, e o nosso "fazer" é por natureza sempre limitado. A ciência médica é aquela que, no final, não produz absolutamente nada e tem de contar expressamente com a maravilhosa capacidade da vida de se autorrestabelecer e de se autorreequilibrar em si mesma. De modo que a tarefa mais singular para o médico é colaborar para aquele restabelecimento. Isso não significa somente a harmonia entre estar acordado e dormir, entre metabolismo e respiração e todas as outras funções básicas do estado humano de viver, as quais o doente tem de aprender a recuperar. Significa também para os doentes a tarefa de encontrar a saída de sua situação social de declínio e novamente se inserir no trabalho, que se tornou para ele um elemento vital. Todos nós sabemos: a vocação para o trabalho humano, conhecida já desde o Gênese e o Antigo Testamento, é em certo sentido um sábio dom dos seres humanos e não apenas a condenação a um tormento eterno. A nossa tarefa mais própria a todos, a qual o médico, no final, coloca perante nós através de seu ser-capaz-de-fazer, consiste em reconhecer como todos nós estamos situados entre a natureza e a arte, que somos seres naturais e temos de entender acerca do nosso ser-capaz-de-fazer. Precisamente com o médico e seus "êxitos" podemos nos tornar conscientes dos limites de todo o ser-capaz--de-fazer humano, assim como da tarefa própria de aprender a aceitar limitações.

Isso é, certamente, o que, antes de tudo, mesmo atrás da inverdade da doença, pode, por fim, conduzir a verdade como vitoriosa. É a verdade que quer se ocultar sob a doença e sob a ameaça à vida e ao bem-estar. Na verdade revela-se a dimensão da vontade inabalável de viver e da irrefreável força da esperança e da vida que habitam todo o ser humano como seu mais natural dom. Ela pode nos ensinar a aceitar o dado, o limitado e o dolorido. Aprender a aceitar a doença – talvez esta seja uma das grandes transformações no nosso mundo civilizado, a qual foi produzida pelo progresso da medicina e coloca novas tarefas. Deve significar sim alguma coisa o fato de o médico hoje, aparentemente, saber eliminar como mágica tantas doenças, de modo que para o paciente elas simplesmente desaparecem, sem que lhe tenham ensinado alguma coisa. Deve representar sim alguma coisa o fato de, hoje, as doenças crônicas estarem bem mais à frente do interesse médico, porque não se pode eliminá-las. De fato, a mais crônica de todas as doenças é encontrar o caminho da morte. A mais elevada tarefa humana é aprender a aceitar esse nosso mais amplo destino.

Ao me lembrar da aparição humana de Viktor von Weizsäcker, como se encontra na minha memória, ela aparece estreitamente ligada precisamente a essa tarefa do ser humano. Sua aparição tinha algo de enigmático. Por um lado, um meditador pensativo e quase sombrio, e, então, novamente a repentina iluminação que unia a genial força de observação do grande médico a seu aspecto humano e à aberta disponibilidade para o próximo. É dessa maneira que o vejo diante de meus olhos, não apenas como médico que sempre nos ajuda a recuperar o equilíbrio que a natureza nos consentiu como favor. Ele, como todo grande médico, também era capaz de nos ensinar a aceitar nossas próprias limitações e, consciente da mais extrema tarefa do ser humano, de aceitar sua última limitação. Por isso, eu gostaria de finalizar com algumas linhas de um poema. Não, digamos, para compensar um pouco o possível mal-entendido contido no título escolhido por mim, "Entre natureza e arte", mas porque me parece que dessa forma se possa atestar o que foi dito. Trata-se de um poema de Ernst Meister, um de meus antigos estudantes que, ainda pouco antes de sua morte, foi condecorado com o prêmio Georg-Buchner. O poema é assim:

> Ainda agora
> permito-me acreditar
> que pudesse existir
> um direito da abóbada
> a verdade encurvada
> do espaço.
> Torcida pelo olho,
> a infinitude,
> celestial,
> ela dobra o ferro,
> a vontade,
> mortal
> de ser um deus.

Filosofia e medicina prática

Eu estou aqui como leigo num círculo com o qual estou ligado faz tempo. Eu já era amigo de Viktor von Weizsäcker desde a década de 1930 e tive relações amigáveis com alguns de seus colegas e estudantes em Heidelberg. Mas, infelizmente, na presença de um círculo como este, as coisas nem sempre acontecem do modo como se desejaria. Permitam-me lembrar de Sócrates, que foi convidado para uma festa em homenagem a um dos grandes poetas trágicos, um certo Agatão[26]. Neste banquete, Sócrates sentou-se entre Agatão e o conhecido poeta cômico Aristófanes e disse: "Seria uma coisa maravilhosa se a verdade fosse como a água, que pode passar de um vaso a outro levada por um fio de lã, pois assim eu poderia aprender muito de ambos os meus vizinhos". Mas, como infelizmente não acontece assim, e o próprio Sócrates já o constatara, sinto-me aqui, apesar de minha vizinhança, embaraçado. Já o título anunciado me deixou atônito. "O filosófico", o que é isso? Eu sempre voltei a refletir sobre isso, a fim de encontrar uma resposta plausível. Como devo interpretar a minha tarefa? É claro que pertence à essência da filosofia – diferentemente do que ocorre com as ciências –, que se coloquem questões que não deixam o pensador, mesmo quando não se saiba como se poderá algum dia respondê-las. Nesse sentido, a questão acerca do que seja o filosófico é, em si mesma, uma questão filosófica, para a qual

---

26. Nós conhecemos pouco da arte teatral de Agatão somente porque ela, em primeira linha, não era mais uma arte da palavra, como era o caso das obras dos dramáticos gregos por nós conhecidos. Ela representa muito mais uma forma musical de arte teatral, que não se pode transmitir daquela forma.

não há resposta. Em todo o caso, trata-se de uma disposição natural do ser humano e não de um ser-capaz-de-fazer profissional. Desse modo, peço-lhes que não me entendam aqui como um especialista que possui uma resposta para perguntas, mas como alguém que tenta refletir juntamente com outras pessoas.

Há, no entanto, sem dúvida, um caminho, no qual todos nos encontramos, também na era da ciência. Refiro-me à linguagem, ao diálogo que todos temos uns com os outros. A linguagem é uma sedimentação de experiência e sabedoria, que nos é comunicada através das palavras. Eu gostaria de, partindo de tais reflexões, tentar prestar minha contribuição ao tema proposto para esta discussão, questionando as palavras.

A segunda parte do título, "medicina prática", também foi para mim motivo suficiente para refletir. Já foi dito várias vezes que o tema "medicina geral" nos importa porque na era da especialização adquiriu um significado bem especial. Da mesma maneira, não há dúvida de que a medicina clínica, na qual se baseia uma grande parte da pesquisa da medicina moderna, é apenas um pequeno setor quando comparada à tarefa da humanidade que a arte de curar, no geral, tem para desempenhar. Eu me encontrava, então, perante a dupla face que se oculta atrás do título. Por um lado, a filosofia, a mãe de todas as ciências[27]. A expressão "o filosófico", contudo, conscientizou-me do peculiar isolamento para o qual a necessidade de solidão desloca o pensador. Em Heidelberg nós temos um "caminho dos filósofos", sobre o qual muita gente pensa seriamente que se chama assim em homenagem à nossa disciplina. Na realidade, esse caminho tem uma designação que pretende caracterizar tais homens estranhos que preferem passear sozinhos. Essa é a verdadeira origem do nome. Qualquer outra coisa seria mesmo uma honra exagerada para nós. Pas-

---

27. Ela já não o é mais há tempo. No entanto, ela continuará a viver entre nós como fenômeno da humanidade enquanto viverem seres pensantes neste planeta. Pode-se, por vezes, declarar a filosofia como morta, isso não a prejudica.

Filosofia e medicina prática

101

sear sozinho, refletir sozinho, isso é o que, desde a era moderna, seguindo os passos de Rousseau, convida qualquer pessoa ao filosofar. A natureza é o poder psíquico da solidão. E por outro lado, então, está a "medicina prática", a sala de espera, o guarda-pó branco, a preocupação de todos os pacientes presentes. Não é fácil construir uma ponte de uma margem para a outra, ainda que muitas pontes passem sobre o Rio Neckar. É claro que a filosofia tem consciência de estar muito longe da práxis.

Como se dá, afinal, essa dupla face de teoria e práxis? Aqui se reconhece imediatamente um dos mais antigos problemas da civilização humana. Teoria significa o contemplar, quer dizer, apenas olhar, não se deixar levar por interesses e impulsos de um mundo de desejos, mas reconhecer o que é ou o que se apresenta. Ao lado está o mundo da práxis, no qual todo o erro se vinga e no qual se executa um permanente processo de aprendizado e de autocorreção, seja com o sucesso ou com o fracasso. Como ambos se relacionam? Como acontece de nos aproximarmos, com a distância do simples olhar, de coisas que, na prática, deixam-nos muito aflitos, como doença e morte? Como deverá ali surgir uma relação fecunda entre uma e outra? Eu penso que é certo deixar claro quão difícil é essa situação para cada um de nós, especialmente desde que a ciência moderna teve de renunciar àquela antiga unidade entre o lidar com a vida e a práxis médica. Em tempos passados havia o curandeiro ou a curandeira na aldeia. Depois, havia o papel quase paternal do médico de família. Em pequenas estruturas sociais existia um tipo de práxis individual que não tratava os doentes com jalecos brancos e fatigantes salas de espera. Nós vivemos numa era da sociedade de massas e das instituições. A ciência é uma dessas instituições onipresentes. Nós não devemos nos deixar enganar: não há volta. Devemos aprender a atravessar a divisão que há entre o teórico que sabe acerca de generalidades e o prático que deve atuar na sempre singular situação do paciente adoecido.

Basta apenas que eu lembre o que a língua alemã já conota ao ligar muito estreitamente ciência e arte, de modo que

102 O caráter oculto da saúde

ciência e arte de curar se confundem de modo peculiar. A arte, no sentido da virtuosidade, parece se colocar ao lado daqueles que sabem produzir alguma coisa; quer dizer, que são, de fato, capazes de fazer algo. E, no entanto, todos sabemos que a tarefa do médico é a de "tratar", no melhor dos casos, de restabelecer. Esse não é o estilo da ciência moderna, a qual aprendeu a erigir seus projetos construtivos com base na experiência, no experimento e na concordância com seu cálculo quantitativo. Na prática do médico encontramo-nos num mundo que, evidentemente, exige uma outra maneira de aplicação do aprendido. De um modo quase imprevisível, o médico tem de encontrar o procedimento correto para cada caso isolado, após a ciência lhe ter fornecido os princípios gerais, mecanismos e regras. É claro que estamos perante uma nova tarefa. Como podemos levar isso a cabo?

Permitir-me-ei, mais uma vez, desenvolver a questão com base em uma palavra. Na linguagem, essa questão se expressa como a relação geral entre lei e caso. Qualquer coisa é um *caso* de uma regularidade. Será já esse também o "caso" do paciente? Para o paciente, o doente, seu "caso" apresenta-se de uma perspectiva bem diferente. Seu "caso" é, primeiramente, uma falta, um estar proscrito das relações vitais, nas quais ele vivia como ser humano ativo e trabalhador. Também para o médico, o "caso" do paciente é algo bem diferente do que é para a ciência o caso de uma lei. Na palavra estão presentes ambos, por assim dizer: por um lado o caso especial da regra e, por outro, o caso da doença, o qual representa uma problemática bem diferente de realidade vital e constitui a situação excepcional do doente.

Pergunto-me: por que tivemos de sair do estágio pré-científico de nossa experiência de vida, que em muitas culturas, por muito tempo sem a moderna ciência, desempenhou um tipo de cuidado e orientação na doença e para a morte? Como é a nossa situação, por que ela se tornou assim e quais possibilidades ela nos fornece? Como a ciência moderna pode resolver esse problema e colocar essa tarefa ao médico na sociedade atual?

Filosofia e medicina prática

103

Mas nós não temos apenas a ciência das doenças, já que a doença não existe sem saúde. Ambas pertencem àquilo que um médico tem de saber ou ao que ele, com os meios da ciência moderna, procura saber. Aqui estamos perante a pergunta não respondida: o que é saúde? Sabe-se, mais ou menos, o que são as doenças. Elas possuem, por assim dizer, o caráter insurrecional da "falta". De acordo com o seu aparecimento, elas são um *objeto*, algo que promove uma resistência, a qual se deve quebrar. Pode-se colocar isso sob uma lupa e julgar o seu grau de doença através de todos os modos que uma ciência objetivante, em virtude da ciência natural moderna, colocou-nos à disposição. No entanto, saúde é algo que se subtrai a tudo isso de uma maneira peculiar. Saúde não é algo que se apresenta como tal num exame, mas algo que existe justamente por se subtrair a um exame. Saúde não nos é, então, algo permanentemente consciente e ela não nos acompanha de forma preocupante como a doença. Não é algo que nos advirta ou convide ao contínuo autotratamento. Ela pertence ao milagre do autoesquecimento. A teoria, ao contrário, o puro olhar para algo, o que ela procura, o que encontra? Aqui se fala do problema do corpo e da alma. Acredita-se saber o que é o corpo. Ninguém sabe o que é a alma. O que é o corpo e a alma? Talvez um dinamismo? De qualquer forma, o corpo é vida, é o vivo; alma é o que anima, de modo que, no fundo, ambos já estão tão refletidos um no outro que qualquer tentativa de objetivação do corpo sem considerar a alma ou da alma sem o corpo pode, em algum lugar, conduzir ao ridículo. Isso apenas evidencia o quão grande é a distância entre o que a ciência objetivante é capaz de desempenhar e aquilo que é a nossa tarefa aqui.

Vem-me à lembrança uma frase de Hegel: "As feridas do espírito curam sem deixar cicatrizes". Essa frase interessante deve ser estendida: não se trata de um milagre da natureza o fato de ela também saber curar sem deixar cicatrizes? O tornar-se sadio é, então, como um retorno às vias vitais que levam em si o restabelecimento. Nesse sentido, o médico é apenas alguém que auxiliou aquilo realizado pela própria natureza. Uma sentença do médico grego Alcmeon preceitua: "Os homens não aprenderam e não são capazes de associar novamente o final ao começo, por isso eles têm de morrer". Não são, de fato, palavras terríveis? Não nos falta alguma coisa, falta-nos tudo. Pois a natureza presente, a natureza viva, aprendeu, através de todas as suas resistências ao ferimento e ao adoecimento, a retornar do final da doença a um começo. E, então, diz Alcmeon: "Mesmo a morte é um simples dissolver-se e incluir-se no ciclo da natureza". Alcmeon evidentemente tem em vista o maravilhoso exemplo da autorrenovação da natureza, quando ele define o destino mortal de cada indivíduo como a falta de capacidade de retornar a esse ciclo. Quanta sabedoria nesse dissolver-se e incluir-se, que não se designa morrer!

Agora, quando colocamos isso tudo perante nossos olhos, o que faz a ciência moderna? Devemos a Galileu e ao poderoso rompimento do século XVII o fato de praticarmos ciência com um sentido totalmente novo. A ciência moderna caracteriza-se por, com a ajuda de uma concepção matemática, saber formular em uma lei geral o concreto dos objetos observados. Com isso, ela desenvolveu a admirável e surpreendente capacidade de articular e controlar os fatores causadores de um efeito no campo de experiência da vida de tal forma que mesmo a introdução de novos fatores pode dar certo como fatores de cura. Sem dúvida, uma das realizações decisivas da ciência moderna foi ser capaz de tal concepção construtiva, de modo a permitir conceber, em seus fundamentos, o geral em sua concreção. Mas é claro que, apesar disso, nem tudo dá certo. É claro que nós também necessitamos de algo da força autocurativa da natureza e do espírito. Espírito – que não se pense algo de muito elevado nisso –, espírito também é o corpo e espírito também é o vivo; ambos são a espiritualidade de nossa vitalidade, a qual nós mesmos somos, a qual, na realidade, todos nós somos, o doente e, precisamente também, aquele que auxilia o doente, o médico. Trata-se, evidentemente, de aprendermos a transferir a arte, com a qual nós podemos objetivar a ciência, para essa outra dimensão, na qual se mantém e se renova a vitalidade.

Qualquer um aceitará isso, imediatamente, como uma trivialidade. Essa é, claramente, a tarefa. Mas como se faz isso?

Esclarecer-se-á: na ciência moderna, objetivar significa "medir". De fato: em experiências e com o auxílio de métodos quantitativos são medidos fenômenos e funções vitais. Tudo é medido. Nós somos até suficientemente ousados – eis uma das fontes de erro de nossa medicina padronizada – em fixar os assim chamados valores padrões e não olhar a doença tanto a partir dos olhos ou ouvi-la tanto através da voz quanto lê-la a partir de valores de medida fornecidos pelos nossos aparelhos de medição. Ambos os procedimentos são talvez necessários, mas é difícil uni-los.

Então, se desenvolvermos a reflexão dessa forma, temos de nos perguntar o que significa aqui medida? Eu admiro os pensamentos de Platão, cujo estudo eu posso recomendar a todo aquele que pretende entender o que parece lhe faltar no moderno mundo da ciência. No diálogo sobre os políticos, em Platão, há a questão muito atual, a saber, quem é um verdadeiro estadista em contraste com um simples funcionário da sociedade. Platão diferencia dois tipos de medida. Uma é a medida que se toma, quando se toma uma medida e se aplica a um objeto a partir de fora, e a outra é aquela que está na própria coisa. As expressões gregas para isso são μέτρον para medida e μέτριον para o medido ou o apropriado. Mas o que significa "apropriado"? Trata-se, evidentemente, ao mesmo tempo, da moderação e da mensurabilidade interna do todo que se comporta como vivo. É desta maneira que sentimos, de fato, a saúde – e assim também os gregos a viam –, como harmonia, como a adequação moderada, enquanto que no caso da doença se sente a interação, a harmonia entre bem-estar e entregar-se ao mundo como algo perturbado. Quando observamos as coisas dessa maneira, então μέτριον, o apropriado, torna-se acessível somente sob condições muito acentuadas. Pertence a essas condições, em primeiro lugar, como já disse, o olhar e o escutar o paciente. Nós sabemos o quão isso é difícil nas grandes clínicas modernas.

Tentarei avançar mais um passo. É claro que é uma medida de dois tipos que sempre volta a nos encontrar, por um lado, pelas mãos da ciência, por outro, no todo de nosso estar-no-mundo. Com uma terminologia moderna nós aprende-

106   O caráter oculto da saúde

mos a descrever aqueles sistemas, cujas esferas de ação movimentam não apenas nosso organismo biológico, mas também incontáveis instituições e organizações de nossa vida humana social. O que se segue de nossa consideração? De forma simplificada, eu diria que, de um lado, há o olhar e o verificar com auxílio de procedimentos de medição, um tipo de conhecimento quase aritmético de como influenciar a doença. De outro lado, há o *tratamento*, uma palavra muito expressiva e significativa. Em "tratamento" se escuta, literalmente, a mão[28], a mão sábia e exercitada que reconhece o tecido apalpando-o. Tratamento ultrapassa a progressividade das técnicas modernas. Nele há não somente a mão, mas também o ouvido sensível que escuta a palavra certa e o olho observador do médico que procura dissimular a si mesmo com um olhar cuidadoso. Existem muitas coisas que se tornam essenciais para o paciente no momento do tratamento.

As reflexões que proponho aqui são impressões de um paciente distanciado que, felizmente, nas raras vezes que necessita, é bem tratado. Mas eu penso também, sobretudo, nos idosos e nos doentes crônicos. Seu estar-doente é hoje de especial importância para a medicina e coloca os limites do ser-capaz-de-fazer técnico através de uma prova particularmente dolorosa. É precisamente no tratamento do doente crônico e, por fim, no acompanhamento do moribundo que voltamos sempre a ser lembrados que o paciente é uma pessoa e não um "caso". Nós conhecemos as formulações rotineiras com as quais o médico, em geral, livra-se de sua responsabilidade perante o doente. Mas quando ele consegue trazer o paciente de volta ao mundo de sua vida, sabe que deve prestar um auxílio não somente para o momento, mas a longo prazo. Nesse caso, ele não tem apenas de agir, ele tem de tratar[29].

---

28. Em alemão, "tratamento" é, nesse sentido, *Behandlung*, que contém a palavra alemã *Hand*, a qual corresponde à "mão" [N.T.].

29. Aqui o sentido da frase está ligado à diferenciação do significado de palavras com semelhança aparente: *handeln* (agir, atuar) e *behandeln* (tratar) [N.T.]

Filosofia e medicina prática

Agora chego a uma conclusão para todos nós. A meu ver, a saúde crônica é o caso especial com o qual todos nós estamos confrontados enquanto seres humanos. Todos nós devemos tratar de nós mesmos. A meu ver, trata-se do trágico destino de nossa civilização moderna o fato de o desenvolvimento e a especialização do ser-capaz-de-fazer científico e técnico terem paralisado nossa força para o autotratamento. Temos de reconhecer isso no tão transformado mundo atual. Eu sei bem estimar o papel desempenhado pela medicina moderna. Ela nem sempre trata apenas de curar, mas, frequentemente, de manter a capacidade de trabalho do paciente. São coercitividades de nossa existência em uma sociedade industrial, as quais nós todos temos de aceitar. Mas o que vai além disso é o tratamento que nós mesmos devemos nos aplicar, esse auscultar, esse escutar-se silenciosa e atentamente e o preencher-se com o todo da riqueza do mundo em um momento imperturbado e não afetado pelo sofrimento. São momentos nos quais se está o mais próximo possível de si mesmo. Essas também são formas de tratamento, e estou cada vez mais convencido de que se tem de fazer tudo para, perante o significado da cura, elevar-se o valor de tal prevenção em nossa sociedade industrial. Com o tempo isso será decisivo para nós, se devermos nos adequar às cambiantes condições de vida do mundo tecnicista e se aprendermos a reavivar as forças com as quais se conserva e se recupera o equilíbrio, o apropriado, o que é para mim apropriado, o apropriado para cada um.

A ciência e sua aplicação técnica nos conduziram a uma dominação do saber em grande escala e a situações-limite que acabam por se voltar ofensivamente contra a natureza. Ao lado desse saber e ser-capaz-de-fazer, com o qual nos defrontamos com o mundo como um objeto a ser dominado e como um campo de resistência – objeto é resistência, cuja ruptura e domínio, através do saber, é nossa tarefa –, o mundo nos oferece ainda aquele outro aspecto, o qual na filosofia deste século, com uma expressão introduzida por Husserl, designamos "o mundo da vida" (*die Lebenswelt*). Quando, na minha juventude, entrei para o mundo da filosofia, o fato da ciência era a última palavra e constituía a base da assim chamada teoria do conhecimento. As coisas mudam e hoje refletimos com mais consciência sobre o fato de que a ciência metódica estabelece para si seus limites mediante seu ser-capaz-de-fazer. É certo que ela sempre estará buscando superar esses limites. Não pode haver aqui uma demarcação obscurantista de fronteiras. No entanto, parece-me existir ainda outros limites que devemos considerar. Assim, pode bem ser afirmado que nenhuma pessoa, que se veja apenas como um "caso", pode ser realmente tratada e nenhum médico pode ajudar um ser humano a superar uma enfermidade grave ou leve, com a qual ele tem de lidar, se esse médico empregar apenas o ser-capaz-de-fazer rotineiro de sua especialidade. Em ambas as perspectivas somos parceiros de um mundo-da-vida (*Lebenswelt*) que nos carrega. E a tarefa, colocada a todos nós como seres humanos, é, a saber, a de encontrarmos nosso caminho nesse mundo da vida e aceitarmos nossas verdadeiras condicionalidades. Essa via contém para o médico a dupla obrigação de unir a sua virtuosidade altamente especializada com a parceria no mundo-da-vida.

Sobre o caráter oculto da saúde

É necessário refletir sobre coisas que dizem respeito não somente ao médico na sua formação profissional e em seus interesses profissionais, mas a todos nós. Quem não conhece as primeiras experiências consternadoras na infância? De repente, sob a autoridade dos pais, fica declarado que se está doente e não se tem a permissão de se levantar pela manhã. Nos anos posteriores da vida, ganha-se as experiências que deixam mais claro que a verdadeira singularidade não se encontra tanto na doença, mas no milagre da saúde.

Isso me oferece o ensejo de inserir a situação teórico--científica e prática no grande contexto da sociedade marcada pela ciência moderna e de questionar como devemos nos orientar, na nossa práxis de vida, sobre saúde e doença. Não há dúvida de que, na experiência de saúde e doença, manifesta-se algo de uma problemática geral que não se limita à posição especial da ciência médica no interior da ciência natural moderna. Seria bem acolhida uma conscientização da diferença entre medicina científica e a verdadeira arte de curar. Em última análise, essa é a diferença existente entre o saber das coisas em geral e a concreta aplicação desse saber ao caso isolado. Mas esse é um tema muito antigo da filosofia e do pensamento e é também um objeto especial de meu próprio trabalho filosófico, o qual é denominado hermenêutica. É claro que o saber das coisas em geral é passível de aprendizagem. Já o outro tipo de saber não é possível de ser aprendido, mas deve ser lentamente amadurecido através da própria experiência e da própria formação de juízo.

Com isso o nosso tema se move para um contexto bem amplo que, na realidade, é colocado a todos nós como tarefa vital desde o surgimento da ciência moderna e sua relação de

110   O caráter oculto da saúde

tensão com a riqueza de experiência da humanidade. Nós vivemos em um meio ambiente cada vez mais transformado pela ciência, um meio o qual quase já não ousamos mais chamar de natureza, ao mesmo tempo que temos de viver em uma sociedade modelada pela cultura científica da era moderna. Nela há milhares de normas e regulamentos que acabam por assinalar uma crescente burocratização da vida. Dessa maneira, como é possível não perder o ânimo para se modelar a própria vida?

Parece-me ser bem significativo o fato de que uma expressão como "qualidade de vida" tivesse de ter sido inventada na civilização progressista e técnica de nossos dias. Ela pretende descrever o que sofreu neste meio-tempo. Contudo, na verdade é um tema muito antigo da humanidade o ter de "conduzir" sua vida e ter de se perguntar como se deve conduzi-la. Isso não vale somente para os homens europeus, marcados pela ciência. Trata-se de um tema muito antigo, existente mesmo nas sociedades onde ritos religiosos e saberes de cura determinam o cuidado com a saúde e são dominadas por determinados líderes e grupos sociais como as curandeiras e os curandeiros. Por toda a parte paira a pergunta inevitável, se não é a experiência acumulada que lentamente conduz à fixação e ao desenvolvimento de práticas, as quais devem ter sido resguardadas e se mantiveram válidas, mesmo que ainda não as encontremos resguardadas e não conheçamos nada dos motivos dos seus efeitos. Isso, certamente, determinou a vida da humanidade em todos os primórdios de cada época, não somente na esfera da saúde e da doença. Nas questões vitais sobre saúde e doença sobressai, em especial medida, apenas a tensão básica de nossa civilização fundamentada pela ciência. É isso que procuro sugerir através do título: *Sobre o caráter oculto da saúde*.

Quando se pretende definir a ciência médica, pode-se, então, defini-la, antes de tudo, como a ciência da doença. A doença é aquilo que se impõe como a perturbação, o perigoso, com o qual se tem de lidar. De modo que se ajusta bem ao grande clima estimulador de inovações, sob o qual se encontrava a moderna ciência no limiar da era moderna desde o sé-

Sobre o caráter oculto da saúde 111

culo XVII, o fato de o conceito de "objeto" ter se estabelecido no pensamento alemão. Essa palavra reflete muitas coisas. "Objeto" é aquilo que executa uma resistência, o que resiste à imposição natural e à inserção nos acontecimentos da vida. Nós enaltecemos isso na ciência como performance de objetivação, com a qual ela chega ao conhecimento. Em primeiro plano, isso implica o medir e o pesar. Nós nunca podemos nos livrar completamente do fato de que a nossa experiência científica e médica está voltada, primeiramente, a uma subjugação dos aparecimentos de doença. Trata-se, por assim dizer, de uma subjugação da natureza, ali onde a doença se manifesta. O importante é que se domine a doença.

Através da ciência moderna, a natureza, com auxílio do experimento, é forçada a fornecer respostas. A natureza é como que torturada. Libertar-se dos preconceitos remanescentes e partir para todas as direções em busca de novas experiências são características provenientes do grande impulso do século XVII. Deve-se deixar claro o seguinte: não é por acaso que a palavra "totalidade", tão empregada hoje em dia, seja uma formação lexical bem recente. Não se encontra essa palavra nem mesmo nos dicionários do século XIX. Para que tal acontecesse, fora antes necessário que o pensamento metódico da ciência matemático-experimental tivesse se imposto de tal forma na arte de curar que se sentisse perdido no labirinto da especialização e se perdesse a orientação para o todo. Todos nós nos encontramos sob o impulso da nossa própria autocerteza e autoconvicção metódica, que está ligada com a cientificidade e a objetividade. Mas não se deve acreditar que se possa simplesmente dar as costas a essa lei. Espero que o fato de estarmos aqui reunidos seja sinal de que todos fazemos parte de uma tarefa que seja colocada sob o lema da totalidade, mais ainda por todo aquele que leva a ciência a sério. Ela vale para cada médico, cada paciente e ainda mais para todos aqueles que não desejam se tornar pacientes – os quais, afinal, somos todos nós. Infelizmente, temos de admitir para nós mesmos que o que se seguiu ao progresso da ciência foi o enorme retrocesso no cuidado geral com a saúde e na prevenção de doenças.

112   O caráter oculto da saúde

De qualquer modo, fica claro que o conceito de "totalidade" é uma expressão engenhosa que, através de seu contraconceito, a "especialização", tornou-se necessária e expressiva. Especialização é a tendência irreprimível da ciência moderna e de todos os seus procedimentos metodológicos. A lei da especialização, como é sabido por todos, certamente não se limita somente ao desenvolvimento da ciência e da prática médica. Em todas as disciplinas da pesquisa científica nos encontramos, antes, perante a mesma situação produzida pelo isolamento metodológico de todas as áreas objetivas científicas, a qual nos obriga a um esforço interdisciplinar. Aquelas áreas que não podem, de maneira alguma, ser dominadas pelo recurso da verificação metódica, chegam mesmo a ser definidas como zonas cinzentas, e com esse conceito designamos não apenas aquelas coisas que, evidentemente, sejam desvarios. Um exemplo seria a astrologia. É possível alguém esclarecer, de fato, como se pode fazer afirmações tão surpreendentes sobre os destinos humanos com base em horóscopos, as quais acabam por se confirmar? Pode-se manter cético em relação a isso. Pode-se também ter suas próprias experiências. De qualquer forma, não se pode explicar isso. Na realidade, há inúmeros exemplos sobre os quais a ciência não pode afirmar o que um determinado procedimento pode realizar na práxis. Há muito conhecemos, por exemplo, a homeopatia como uma dessas áreas. Até mesmo os mais bem-intencionados entre os clínicos céticos a designaram "udenopatia" (*Oudenopathie*)[30] e achavam que através desses medicamentos, de pequenas doses homeopáticas, na realidade, absolutamente nenhum efeito era exercido e somente se mantinha a aplicação de tais medicamentos porque eles exerciam um ótimo efeito de cura contra o abuso dos medicamentos químicos.

O fundamental permanece: a doença, e não a saúde, é o auto-objetivante, quer dizer, o lançar-se contra, resumindo,

---

30. *Ouden*, do grego: "nada", aqui no sentido de não fazer absolutamente nada.

Sobre o caráter oculto da saúde

o importuno. Eu quase cheguei a afirmar que ela, pela sua essência, é um "caso". De fato, também se diz que algo é caso de doença. O que significa "caso"? O uso da palavra deriva, sem dúvida, do jogo de dados. "Caso"'significa, pois, aquilo que cabe a alguém no jogo de dados da vida[31]. A partir daí a palavra se infiltrou na gramática e na sua regra de declinação e designa o papel que cabe a um substantivo no contexto da frase ("caso" significa em grego *ptosis*, em latim *casus*). Assim também é com a doença, pois ela é como um acaso e também algo que cabe a alguém[32]. A palavra grega *sympton* significa, na verdade, acaso/algo que cabe a alguém (*Zufall*) e também é empregada em grego para a notabilidade de uma doença. Ela designa aquilo que, normalmente, torna-se notável numa doença. Voltamos a nos ocupar aqui com o fato de que o verdadeiro mistério está no aspecto oculto da saúde. Ela não se declara por si mesma. Claro que é possível estabelecer valores padrões para a saúde. Mas quando, por exemplo, se quisesse impor esses valores padrões a uma pessoa saudável, o que conseguiríamos seria, antes, deixá-la doente. Habita, pois, na essência da saúde manter-se dentro de suas próprias medidas. A saúde não permite que valores padrões, transferidos ao caso singular com base em experiências médias, imponham-se, pois isto seria algo inadequado.

Utilizei propositalmente a expressão "inadequado" para tornar consciente que aplicações de regras, com base em valores de medida, não é algo natural. As medições, seus padrões de medida e os procedimentos de medida servem-se de uma convenção, com a qual nos aproximamos das coisas e as submetemos à mensuração. Mas há também uma medida natural que as coisas carregam em si mesmas. Se não se pode medir verdadeiramente a saúde é por ela ser um estado

---

31. "Caso" significa em alemão *Fall*, e assim foi traduzido. Já a minha tradução "caber a" refere-se ao verbo *zufallen*, o qual contém a palavra *fall*. Em alemão fica claro a semelhança entre as duas palavras, o que não ocorre em português [N.T.].

32. *Zufall* em alemão tem este sentido duplo, conforme explicado acima [N.T.].

114   O caráter oculto da saúde

da adequação interna e da conformidade com si próprio, que não pode ser superado por um outro controle. Por isso, faz sentido perguntar ao paciente se ele se sente doente. Tem-se a impressão que no ser-capaz-de-fazer do grande médico frequentemente concorrem fatores de sua mais secreta experiência de vida. Não é apenas o progresso científico da medicina clínica ou a infiltração de métodos químicos na biologia que faz o grande médico. Esses são todos progressos da pesquisa que possibilitam ampliar os limites do auxílio médico, perante os quais outrora se estava desamparado. Pertence à arte de curar, no entanto, não somente o combate efetivo contra a doença, mas também a reconvalescença e, por fim, o cuidado com a saúde.

Eu gostaria novamente de esclarecer a partir de um emprego linguístico, como é justamente considerada, em tudo, a adequação interna, a conformidade interna, a qual não se pode medir. Espera-se do médico que ele "trate" seus pacientes[33]. "Tratar" significa *palpare*, quer dizer, tocar o corpo do doente com a mão (a *palpa*) cuidadosa e sensivelmente para, com isso, perceber tensões e contrações que talvez confirmem ou corrijam o diagnóstico subjetivo do paciente, o qual se designa dor. A função da dor na vida é a de que a sensação subjetiva aponta para uma perturbação na estrutura de equilíbrio do movimento da vida que constitui a saúde. Conhece-se bem o problema – sobretudo na consulta ao dentista – de como é difícil localizar uma dor. Por isso, pode-se até mesmo "deduzir" a dor também, por exemplo, simplesmente com a mão. De qualquer modo, a ação do médico, quando ele possui tal capacidade, permanece sendo uma verdadeira arte.

Há uma famosa história do grande Krehl, cujo nome soa familiarmente como um mito a todo médico de Heidelberg. A história também é tão verdadeira como um mito. Em 1920 havia sido introduzido o estetoscópio elétrico e os estudantes perguntaram a Krehl se esse aparelho era melhor. Ele disse:

---

33. Aqui, novamente, será necessário entender a aproximação entre "tratar"/*behandeln* e "mão"/*Hand* [N.T.].

Sobre o caráter oculto da saúde 115

"Bem, na verdade os antigos estetoscópios eram melhores para se ouvir. Mas não posso julgar se sua autoridade é suficiente". Com a palpação também é assim. Quem a realmente domina pode sentir algo e todo o bom médico deveria tentar aprender a empregá-la.

Eu confesso que soa um pouco catedrático se, no caso de "tratamento", deva-se pensar na mão[34]. Mas a sabedoria catedrática nem sempre é um contrassenso. Às vezes é bem conveniente saber também sobre algo assim. Depois de termos esclarecido a origem da palavra palpação, prossigamos, então, a questionar: o que significa, de fato, "tratar"? Mais uma vez o uso linguístico usual ultrapassa o significado da situação médica. Sem que sejamos médicos, também nos tratamos entre nós, às vezes bem, às vezes mal. Nesses momentos, o que estamos fazendo na realidade? O que isso significa? Fica claro que a tarefa se constitui em tratar alguém "corretamente". Isso quer dizer que estamos cumprindo uma norma ou seguindo uma regra? Eu creio, antes, que nos dirigimos corretamente ao outro, não o violentamos, não o importunamos de qualquer forma, não lhe impomos, por exemplo, uma medida ou um preceito. Quer se trate da regularização de normas através de aparelhos de medição modernos ou do despotismo educacional de uma instituição escolar ou da fúria autoritária de um professor ou de um pai, a tudo isso se contrapõe o reconhecer no outro o seu ser-diferente. Somente dessa maneira se poderá orientá-lo um pouco de modo que ele saiba encontrar seu próprio caminho, que lhe seja próprio. Tratamento sempre implica, ao mesmo tempo, permissão e não apenas a prescrição de regulamentos ou de receitas. Na verdade, fica claro para o médico quando se diz que fulano e beltrano estão sob o seu tratamento. Isso significa uma certa responsabilidade, mas também uma certa assistência tolerante. De qualquer modo, nenhum médico deveria ser tão atrevido a ponto de querer dominar o paciente. Ele deve aconselhá-lo e auxiliá-lo quando pode e sabe que o paciente estará sob o seu tratamento somente até a sua recuperação.

---

34. Cf. nota anterior [N.T.].

116 O caráter oculto da saúde

Todo tratamento serve à natureza. A expressão "terapia", proveniente do grego, quer dizer serviço. Isso também requer um tipo de ser-capaz-de-fazer efetivo não somente contra a doença, mas também efetivo, precisamente, para o doente. Assim, em todo o tratamento há cautela e consideração. O médico deve inspirar confiança com a sua capacidade, mas não deve colocar em jogo a autoridade quando quer ter autoridade. Por isso, os cirurgiões são, às vezes, assustadores quando dizem: "Vamos retirar isso". Pode-se entender esse modo de se expressar porque a cirurgia moderna funciona, de fato, como um artesanato altamente elaborado. E o médico sabe bem que está lidando com um organismo humano e precisamente o cirurgião tem de considerar que, às vezes, trata-se de vida ou morte. Enfim, permanece o fato de que o verdadeiro desempenho do médico não consiste em fazer alguma coisa. Ele pode colaborar com certas contribuições para o controle da saúde ou para recuperá-la. Mas o que é, então, de fato, a saúde, esse algo misterioso, o qual todos nós conhecemos e do qual, de alguma forma, precisamente por ser tão maravilhoso estar com saúde, não conhecemos nada?

Com o conceito de tratamento procurei deixar claro o que, na verdade, é exigido do médico em relação ao seu significado. De qualquer forma, não quer dizer dominar a vida de um ser humano. É certo que dominar alguma coisa é uma expressão muito utilizada no mundo moderno, por exemplo, em relação a uma língua estrangeira, ou, na medicina moderna, o dominar uma doença. Isso fica, com certeza, bem expressado. No entanto, a sua validade está sempre condicionada a uma restrição. Em toda a parte há limites. Assim, ao realizarmos algo conforme às regras, dizemos, com razão: "Isso nós já sabemos". Mas, no final, trata-se sim de algo mais. Pois não é apenas um caso de doença. De modo que não é tão extremamente estranho – e suficientemente horrível – que, hoje, ao entrar numa clínica, a pessoa perca seu nome verdadeiro e receba um número. Tem sua lógica. Deve-se ser encaminhado a um determinado departamento, já que se vai a uma clínica para uma consulta. No final, acabamos por tomar conhecimento de que se é um caso de alguma coisa.

Não é por acaso que todas essas descrições preparatórias demoram-se nas experiências que se faz como doente. Mas o nosso tema verdadeiro é: "O aspecto oculto da saúde". Ainda estamos objetivando esse tema do lado oposto. Mesmo quando se diz que se conseguiu dominar a doença, no final já se separou a doença da pessoa e ela é tratada como um ser com vida própria, com o qual se tem de lidar. Isso até ganha um sentido especial, se pensarmos nas grandes epidemias, cujo domínio foi tão amplamente alcançado pela medicina moderna. Mas sabemos bem que em tais epidemias sempre são muitos doentes individuais que se tornam suas vítimas. E, no entanto, elas são como um ser com vida própria. As pessoas têm de tentar quebrar sua resistência, mesmo quando, por fim, voltem a surgir em algum lugar novas forças agressoras da natureza. No final de nossas reflexões se saberá que a saúde sempre se encontra em um horizonte de perturbação e ameaça.

Mas cada doença isolada tem uma circunstância objetiva particular, tanto mais que em qualquer pessoa atuam fontes de erro particulares próprias de seres pensantes. Não nos sentimos bem. Imaginamos coisas. Aquele que se depara com dificuldades em sua profissão logo reconhece a manifestação de todas possíveis perturbações somáticas, já que o trabalho não está andando bem. Aqui em Heidelberg, a psicossomática não é totalmente desconhecida e, mesmo assim, carrega um mérito geral de o médico se tornar cada vez mais consciente do quanto ele depende da colaboração do paciente e como os mais comprovados modos de resultados sempre voltam a depender de fatores individuais que surpreendem qualquer um.

Não cabe a mim falar sobre coisas que outros conhecem melhor por experiência própria. No entanto, a medicina é, na verdade, apenas um dos aspectos da vida social que nos coloca diante de problemas através da ciência, da racionalização, da automatização e da especialização. Sobretudo a especialização derivou de necessidades concretas – mas, quando ela se imobiliza na forma de costumes rígidos, torna-se também, ao mesmo tempo, um problema. O desenvolvimento

118   O caráter oculto da saúde

de tais paralisias tem suas raízes na natureza humana. Mas, na cultura científica da era moderna, isso conduziu a formas de vida que automatizam, dentro de uma ampla dimensão, a vida do indivíduo.

Quais possibilidades nós temos, então, de fato, quando se trata de saúde? Reside, sem dúvida, na vitalidade de nossa natureza o fato de a consciência se conter de si mesma de tal forma que a saúde passa a se ocultar. Apesar de toda a ocultação, ela se revela num tipo de bem-estar e, ainda mais, quando nos mostramos dispostos a empreendimentos, abertos ao conhecimento e podemos nos autoesquecer, bem como quando quase não sentimos mesmo fadigas e esforços – isso é saúde. Ela não se constitui numa preocupação cada vez maior consigo mesmo, dada a situação oscilante do nosso bem-estar, ou muito menos em engolir pílulas repugnantes.

A perturbação da saúde é o que torna necessário o tratamento médico. Parte de um tratamento é o diálogo. Ele domina a dimensão decisiva de toda atividade médica, não somente entre os psiquiatras. O diálogo promove a humanização da relação entre uma diferença fundamental, a que há entre o médico e o paciente. Tais relações desiguais pertencem às mais difíceis tarefas entre os seres humanos. O pai e o filho. A mãe e a filha. O professor, o jurista, o pastor, resumindo: o profissional. Mas isso é algo que qualquer um de nós conhece bem, o quanto é difícil nos entendermos!

Tem-se consciência de que faz sentido perguntar: "Você se sente doente?" No entanto, seria quase ridículo se alguém perguntasse: "Você se sente com saúde?" É que saúde não é, de maneira alguma, um sentir-se, mas é estar-aí, estar-no-mundo, estar-com-pessoas, sentir-se ativa e prazerosamente satisfeito com as próprias tarefas da vida. Porém, tentemos partir em busca das experiências contrárias, nas quais o oculto se manifesta. Mas o que resta, então, quando, é verdade, mede-se, mas quando se tem de submeter tudo o que foi medido a um teste crítico, porque os valores padrões, aplicados aos casos isolados, podem conduzir ao erro? Novamente a linguagem aponta uma importante direção. Nós havíamos vis-

Sobre o caráter oculto da saúde   119

to que o objeto, a resistência e a objetivação estão estreitamente relacionados entre si, porque são rebeldias que se impõem à experiência de vida humana. Por isso, a melhor maneira para entender o que seja saúde é imaginá-la como um estado de equilíbrio. O equilíbrio é como a ausência de gravidade, já que nele os pesos se compensam. A perturbação do equilíbrio somente pode ser afastada através de um contrapeso. Mas, a cada tentativa de compensar uma perturbação com um contrapeso, já acontece a ameaça de uma nova perda inversa de equilíbrio. Lembremos como foi a primeira vez que subimos numa bicicleta. Com que força agarrávamos o guidom para apenas tentar controlá-lo quando a bicicleta tendia para um lado e, mesmo assim, em seguida estávamos caindo.

Por isso, a manutenção do equilíbrio é um modelo bem instrutivo para o nosso tema, uma vez que mostra o perigo de toda intervenção. Sempre há ameaça de se fazer demais. Há uma bela passagem nas *Elegias de Duíno*, de Rilke: "como o permanente 'pouco demais' se transforma naquele vazio 'muito demais'". Essa é uma boa explicação de como um equilíbrio se perde com a imposição de força, com uma intervenção excessiva. O cuidado com a saúde, assim como modos conscientes de tratamento médico, é dominado por tal experiência. Isso leva a se temer o emprego desnecessário de medicamentos, porque é extremamente difícil também para esse tipo de intervenção acertar o momento certo e a dose certa. Assim, aproximamo-nos cada vez mais daquilo que, de fato, é saúde. Ela é o ritmo da vida, um processo contínuo, no qual o equilíbrio sempre volta a se estabilizar. Todos nós conhecemos isso. Aí está a respiração, o metabolismo e o sono, três fenômenos rítmicos, cujo decurso provoca vitalidade, revigoramento e aquisição de energia. Não se tem de ser um leitor voraz como parece ter sido Aristóteles, que dizia: "Vai-se passear – em razão da digestão". É claro que se pode sair para passear por outros motivos ou por nenhum motivo especial. Mas assim era Aristóteles. Conta-se que ele lia permanentemente durante as noites. Para não adormecer ele segurava uma esfera de metal, sob a qual havia uma bacia de metal. Quando adormecia, a esfera o acordava e ele, então, continuava lendo.

Mas, na verdade, aquelas funções rítmicas não são, de fato, controláveis, elas ocorrem conosco. No sono isso acontece de forma particularmente misteriosa. É um dos grandes enigmas para a nossa experiência humana de vida. A profundidade do sono, o despertar repentino, a perda de noção do tempo, de modo que não sabemos se dormimos algumas horas ou uma noite inteira. São singularidades. O adormecer talvez seja a mais genial invenção da natureza ou de Deus – esse lento crepúsculo, de tal forma que nunca se pode dizer: "Agora estou dormindo". Mais difícil é o despertar, pelo menos para o modo de vida antinatural de nossa civilização, o qual dificulta o despertar. Mesmo assim, são as experiências rítmicas que nos sustentam. Elas têm pouca semelhança com o tomar comprimidos e querer, conscientemente, influenciar essas coisas.

Poder-se-ia continuar especulando sobre todas essas observações, a fim de, no caráter oculto da saúde, reconhecer o segredo de nossa vitalidade. Da forma como acontece com a vida, isso tange também a morte. Como sabedor, o médico, precisamente, vê-se confrontado com esse aspecto duplo de nosso ser. Assim, todos os médicos fazem o juramento hipocrático. Sabe-se do que se trata. Mas também se sabe o quanto a aparelhagem para o ser-aí humano de nossa civilização, a experiência da morte e os problemas com o prolongamento do morrer pesam na consciência do médico. Em Platão consta que não se pode curar apenas o corpo sem a alma – e mais: sem conhecer a natureza do todo. Isso não significa uma totalidade no sentido de um lema metódico, mas a unidade do próprio ser. É o todo, dos movimentos astrais ao clima, à disposição das águas e condições dos campos e florestas, que cerca a natureza humana em seu estado geral e no que a ameaça. A medicina parece uma verdadeira ciência universal, especialmente se estendermos esse todo ao todo de nosso mundo social.

Mas talvez uma famosa frase de Heráclito possa, mais uma vez, reunir nossos pensamentos sobre o tema: "A harmonia oculta é sempre mais forte que a manifesta". Uma frase que parece evidente num primeiro momento, mas que, na

Sobre o caráter oculto da saúde

verdade, não diz muito. Pensa-se logo no efeito de satisfação ligado à harmonia na música, no desenlace feliz de enredos sonoros ou na súbita realização de uma experiência mental. Mas a frase somente se torna bem evidente quando se pensa na harmonia dos humores, como a antiga medicina o designava. Pois a harmonia da saúde comprova seu verdadeiro vigor ao não aturdir ninguém como acontece com a dor lancinante ou a loucura paralisante da embriaguez, as quais evidenciam e produzem, na realidade, perturbação.

Eu gostaria de concluir. O filósofo tem sempre a tarefa de se distanciar das coisas concretas, mas de levar à consciência aquilo que, no final, esclarece alguma coisa. Assim, talvez aqui também tenha ficado claro como todo tratamento médico se relaciona com o lema da totalidade. Não se trata da simples concordância entre causa e efeito, entre intervenção e êxito, mas de uma harmonia não manifesta, cuja recuperação é o que importa e na qual se encontra, por fim, o milagre da reconvalescença e o segredo da saúde. Ela significa proteção e segurança (*Geborgenheit*).

Desse modo, gostaria de concluir com a seguinte afirmação: os seres humanos vivem, decerto, como todos os seres vivos, preocupados com a defesa contra os ataques permanentes e ameaçadores à sua saúde. Todo o sistema de mucosa do organismo humano é como uma enorme represa que estanca aquilo que, de outra forma, inundaria-nos com elementos nocivos. No entanto, não estamos numa posição permanente de defesa. Nós próprios somos a natureza e é a natureza em nós que mantém o autoestruturado e pronto para a defesa do sistema orgânico de nosso corpo e, ao mesmo tempo, preserva o nosso equilíbrio "interno". É uma singular inserção recíproca da vitalidade. Somente se pode estar contra a natureza, quando se é natureza e quando a natureza está conosco. De modo que nunca deveríamos esquecer que, ao se obter uma cura, o doente e o médico se juntam para conferir honras à natureza.

Autoridade e liberdade crítica

Como sou solicitado a falar do conceito de autoridade, a minha contribuição somente poderá ser a de um filósofo, quer dizer, daquele que é chamado para dar conta do conceitual – e isso acontece com base naquilo que, na verdade, todos pensam. Pois aquilo que todos, na verdade, pensam encontra-se, por assim dizer, depositado na linguagem e ao alcance da compreensão. Assim, começo com uma análise detalhada da palavra autoridade e suas imediações.

É extraordinariamente expressivo o que aconteceu quando estava com a minha secretária e utilizei a palavra "autoritativo" (*autoritativ*)[35], com a intenção de efetuar uma diferenciação em relação a "autoritário". Ela nunca ouvira aquela palavra – tão extenso foi o grau que a palavra "autoritário" sobrepujou a outra. Essa sobreposição que ocorreu com o uso linguístico corrente [em alemão] de "autoritativo" é muito significativo. Nós empregamos a palavra "autoritativo" às situações que se tornam cada vez mais raras, nas quais aceitamos, sem resistência, uma afirmação, um comando, um julgamento ou algo semelhante. Já a palavra "autoritário" tem um emprego bem recente na língua alemã. Ela foi, sem dúvida, adaptada do francês. Em alemão, sua primeira aplicação reflete uma extraordinariamente interessante fase importante de nosso destino político. O termo parece ter sido introduzido no final dos anos de 1920 ou começo dos anos de 1930 de nosso século pelos neoconservadores, os quais naquele tempo, convencidos da fragilidade da Constituição de Weimar e da necessidade de uma autoridade mais forte do poder gover-

---

35. Significado: relativo à autoridade; decisivo, representativo [N.T.].

namental, tornaram-se ativos nesse sentido. Homens como Zehrer, Nikisch, entre outros, compunham esse assim chamado *Tatkreis*, o qual, através dos trágicos acontecimentos do ano de 1933, foi, então, afastado de suas atividades. Foi somente com a chegada de Hitler ao poder que a palavra "autoritário" foi investida de uma conotação negativa. Ela foi, por assim dizer, fundida com o conceito de totalitário, e esse é um conceito que, inegavelmente, abandona a grande herança do desenvolvimento de uma concepção europeia de Estado e de Constituição, a qual, desde Montesquieu, persegue o ideal de uma constituição, a saber, a divisão dos poderes e a proteção às minorias. O conceito "autoritativo", por sua vez, apresenta um significado claro e, à sua maneira, válido sem se ligar a uma época. Podemos, por exemplo, falar de conduta autoritativa ou de efeito autoritativo, no campo da educação digamos, conferindo, assim, uma conotação positiva ao conceito de autoridade. Ao afirmamos, por exemplo, que um professor não possui autoridade, sabemos que isso designa algo imprescindível para o processo educativo na sala de aula. Mas, inversamente, não poderíamos falar de ensino antiautoritativo em vez de ensino antiautoritário. Isso não faria nenhum sentido – tão imprescindível é autoridade para o ensino.

A consciência pública, naturalmente, não quer, de bom grado, seguir a autoridade, e isso ocorre por bons motivos. Todos nos encontramos no solo do Iluminismo moderno, cujo fundamento Kant formulou de modo impressionante: "Tenha coragem de te servires do teu próprio entendimento". Isso foi dito contra a autoridade da igreja e dos dominadores políticos e, no fundo, conferia uma válida expressão às virtudes de uma burguesia que naquela época ascendia à emancipação política, após ter se sentido mais madura. Na área da pedagogia, a conotação positiva pôde manter-se, já que crianças não são maduras.

Se quisermos tornar claro o conceito de autoridade, na verdade temos de partir desse conceito de autoritativo, o qual está enraizado na consciência linguística alemã. Esse é, certamente, o momento decisivo, o somente poder ser designado de autoritativo aquilo que não precisa recorrer à sua autoridade. Pois a palavra "autoritativo" não significa potestade (*potestas*), que vem de autoridade; ela significa, antes, muito mais, a validade realmente adjudicada, não a reivindicada. Isso se torna expresso pelo fato de, por motivos plausíveis, não se poder dizer, na verdade, como se adquire autoridade. Quem leva a efeito medidas, manifestações e ações conscientes, a fim de adquirir autoridade, quer, no fundo, poder e está a caminho do exercício autoritário do poder. Quem tem de recorrer à autoridade, como o pai na família ou o professor na sala de aula, não possui nenhuma autoridade. Eu posso ilustrar isso com o exemplo do meu próprio professor de filosofia, o famoso representante da escola neokantiana de Marburgo, Paul Natorp. Como jovem professor ele não conseguiu ter autoridade na sala de aula. Ele tinha uma voz fina e sua aparência não era especialmente imponente. Por isso ele se tornou um filósofo famoso – e, como um dos eminentes integrantes da Escola de Marburgo, ele era uma autoridade, na época em que estudavam em Marburgo homens como Nicolai Hartmann ou Ernst Cassirer, homens como Boris Pasternak, Wladyslaw Tatarkiewicz, Ortega y Gasset ou T.S. Eliot.

Aqui se trata, sobretudo, da autoridade do médico. Por isso, gostaria de partir de um fato que me parece ser fundamental para tudo o que vem a seguir, a saber, que não nos aproximamos do problema a partir da autoridade da instituição, isto é, por assim dizer, da reputação profissional do médico. Parece-me, ao contrário, ser a expectativa de autoridade, sim, a exigência de autoridade em relação ao médico, que se manifesta no doente. Isso é quase uma imposição.

Podemos ilustrar esse pensamento com uma experiência simpática. Nas pesquisas de opinião, mesmo ainda em nosso século, também após a metade de nosso século, durante e após a revolução cultural, que em virtude da nova onda da Revolução Industrial influenciou o mundo cultural, o prestígio de professor universitário mostrou-se muito elevado. Isso me era tão surpreendente como satisfatório, até o dia em que aprendi com um sociólogo experiente que o resultado dessas pesquisas de opinião não se referia ao professor

Autoridade e liberdade crítica 125

universitário, mas ao médico. A crença na autoridade do médico manifesta-se na população de tal forma que na clínica é solicitada a presença do professor. Disso devemos concluir que não é tanto a potestade, a autorização para dar ordens ou uma posição de poder como tal que fundamenta essa exigência de autoridade, mas uma expectativa de qualidade bem diferente, a saber, a expectativa de que somente um saber superior e um ser-capaz-de-fazer fundamentado no saber podem prometer ajuda ao paciente.

Aqui nos deparamos com uma realidade intransponível, que a própria natureza criou. Há imposição e subordinação. A autoridade do pai baseia-se em o filho olhar para ele como se olhasse para um deus. Vocês sabem disso melhor do que eu. Uma vez, vivi uma história muito significativa, na qual se percebe como essa subordinação infantil, essa exigência em reconhecer autoridade, apresenta-se também em um caso como o do professor. Numa conversa de mesa, minha filha de cinco anos escutou o diretor do Ensino Médio de Marburgo responder, surpreso, sobre uma determinada coisa: "Eu não sei nada sobre isso". Diante dessa afirmação, minha pequena filha inclinou-se para mim e sussurrou-me ao ouvido: "É engraçado que um professor não saiba isso".

Não são apenas histórias de crianças ou o testemunho de pacientes que nos esclarecem a necessidade e exigência de autoridade: permitam-me contar-lhes mais uma história (contar histórias é a alternativa escolhida por nós filósofos, quando tememos aborrecer nosso ouvinte com um modo de falar por demais abstrato-conceitual). Na qualidade de filólogo clássico, que me tornei após meu doutorado em filosofia, vivenciei no seminário de meu professor de filologia clássica, Paul Friedländer, a pequena história que conto a seguir. À minha maneira, eu havia justificado um determinado conceito utilizado por Platão e manifestei minha explicação. Friedländer respondeu-me: "Não, isso não é assim, mas assim e assim". Um pouco irritado eu lhe disse: "Como o senhor sabe que é assim?" Ele respondeu-me sorrindo: "Quando o senhor tiver a minha idade, também saberá". Ele tinha toda razão. No caminho, até eu mesmo ter completado cinquenta anos, acabei entendendo o que ele falou. Uma vez cometi a imprudência, ou melhor, tive a coragem de contar essa história durante uma palestra, a fim de ilustrar que nas ciências humanas a autoridade, a autoridade de uma herança adquirida de saber e poder-saber, desempenha um papel bem especial. Por isso, já fui, despropositadamente, acusado de um stalinismo autoritário. No exemplo vivido por mim se percebe, na realidade: encontra-se justificado na constituição básica humana que, mesmo no caso de um esclarecimento pleno, não podemos fundamentar, com provas sólidas e deduções convincentes, tudo aquilo que devemos tomar por verdadeiro. Constantemente temos que nos fiar em algo – e, normalmente, em alguém – no qual sentimos confiança. Toda a nossa vida comunicativa se baseia nisso.

Essa relação se reflete no fundo histórico-linguístico que o conceito de autoridade carrega. Ele tem sua origem no latim e na história da república romana. Ele descreve a posição e a dignidade do senado romano. Do ponto de vista do direito público, trata-se de um fato interessante aquele grêmio de senadores ter tido um enorme significado para a liderança política da república romana, ainda que não detivesse uma autorização para dar ordens, uma potestade perante os funcionários públicos dessa república. O senado tinha, no máximo, algo como uma competência normativa, para empregar um moderno conceito do direito público: o poder legítimo de ação estava com os cônsules, não com o senado. Mas ele tinha a autoridade.

Em que, então, baseia-se a autoridade, se a estamos julgando a partir dessa origem do conceito? Simplesmente no peso do conselho que era fornecido pelo senado. Simplesmente, pois, no reconhecimento de uma compreensão superior.

A meu ver, isso é válido sempre que a autoridade o é de fato, que lhe é conferida a superioridade do saber ou do ser-capaz-de-fazer, a superioridade da compreensão. Isso, em minha opinião, é válido, em todos os casos nos quais nos deparamos com o positivo sentido de autoridade, no caso do filho perante o pai, dos estudantes perante o professor, do doente perante o médico.

Autoridade e liberdade crítica 127

Porém, não resta dúvida de que, nessa nossa era da ciência, é precisamente a superioridade no saber, o qual é transmitido através da instituição acumulada da ciência – um grande fruto do Iluminismo moderno –, que fundamenta a autoridade. De fato, esse era o impulso fundamental do Iluminismo, livrar-se da crença na autoridade, porque qualquer pessoa, servindo-se, corretamente, apenas de seu entendimento, poderia alcançar o conhecimento. Descartes chega, até mesmo, a iniciar seu livro mais famoso com a afirmação paradoxal de que estaria completamente convencido que nada no mundo seria tão proporcionalmente distribuído como o entendimento. Com isso ele queria, naturalmente, dizer que, quando se quer alcançar o conhecimento, depende-se somente do método de emprego do entendimento. Pois bem, método e metodologia são, com efeito, traços distintivos da ciência. Mas isso possui um fundo humano: a autodisciplina, que faz com que se observe o método e se confirme sua validade superior perante as inclinações, as suposições, os preconceitos e os interesses inconsequentes que conduzem todos nós à tentação de tomar por verdade aquilo que nos convém. Nisso se baseia a verdadeira autoridade da ciência. Mesmo assim, também instituições que carregam um vínculo com a potestade, e por essa razão possuem autoridade, nem sempre são convincentes. Assim, entende-se por que se costuma empregar o conceito de liberdade crítica para se opor ao de autoridade. Na verdade, é de se admirar uma impressionante concretização de liberdade crítica na ciência moderna. Mas, perante ela, ou tendo ela em vista, devemos nos tornar conscientes da pretensão humana colocada a todos os participantes pessoais dessa autoridade: a exigência da autodisciplina e da autocrítica – uma exigência ética.

Se permitirem que eu também recorra, por uma vez, a uma autoridade, então, neste caso, será a autoridade de Kant. Ele, que tomava como base para a sua filosofia moral a incondicional validade da lei ética perante o utilitarismo e o eudemonismo do Iluminismo, também descreveu a forma de aparição humana dessa incondicionalidade da lei ética. A sua formulação mais clara é: nunca deves utilizar uma pessoa apenas como meio, deves sempre também reconhecer nela o fim que é em si mesma. Isso é uma provocação, ao nosso amor-próprio e sua violência coerciva, e isso inclui que, por consideração ao nosso próximo, seja-se senhor dessa provocação. O que é consideração? Consideração é um afeto muito dialético. Ela reconhece uma superioridade, ou pelo menos um valor próprio do outro – mas o faz de mau grado! Ela se relaciona com o automenosprezo. Empregamos a expressão: "Isso me faz ter consideração". Dizemos assim, quando alguém disse ou fez algo que nos parece positivo, do qual não o achávamos capaz. Então, a consideração pelo outro implica reconhecer sua liberdade, e isso exige de si mesmo uma liberdade genuína: autolimitar-se. Toda a presença de liberdade genuína inclui uma limitação – e isso pode exigir até mesmo a limitação da própria autoridade. Trata-se, pois, da questão da legitimidade da liberdade. Liberdade é, frequentemente, solicitada como oposição à "autoridade". Mas, da mesma forma que autoridade pode ser mal interpretada, usurpada, como se equivalesse a potestade, também acontece com liberdade, na medida em que ela passa a significar uma expressão que lhe é oposta, a saber, a liberdade dogmática. Podemos bem afirmar que liberdade dogmática é mania de querer dominar. Trata-se de falsa autoconfiança. Liberdade, no seu sentido genuíno, é a capacidade para a crítica, e essa capacidade encerra e é uma condição fundamental para que se reconheça a autoridade superior – e para que alguém seja reconhecido como autoridade superior. De modo que, na realidade, não há nenhuma oposição entre autoridade e liberdade crítica, mas sim um profundo entrelaçamento interno. Liberdade crítica é liberdade para a crítica, e a crítica mais difícil, certamente, é a autocrítica. Nela se baseia a característica distintiva do ser humano de poder perceber seus próprios limites. Nela se baseia também a autoridade genuína. A expressão mais imediata da autocrítica é a capacidade de questionar. Toda a capacidade de questionar admite a ignorância e, na medida em que se dirige a outro, o reconhecimento de seu possível conhecimento superior.

Autoridade e liberdade crítica

São tais fatos fundamentais, antropológico-morais, que, a meu ver, também caracterizam a situação do médico e a posição que ele tem entre a autoridade que ele representa e a liberdade crítica que ele tem de conservar. Ele mesmo está exposto à tentação de querer representar a autoridade, não somente por causa de sua legítima superioridade em conhecimento científico e em experiência médica, mas, justamente, por se ver coagido pela exigência do paciente. Psiquiatras e psicanalistas conhecem a tentação de não transmitir ao paciente uma verdadeira autolibertação através de compreensão, mas lhe sugerir a própria compreensão, a suposta própria compreensão. Com isso, eles representam apenas um caso especial no interior da situação geral do ser humano, que é tentado a abusar da autoridade que possui.

Eu gostaria de concluir com, pelo menos, uma coisa de concreto, por assim dizer. Aquele que tenta obter vantagem do peso institucional de sua superioridade e coloca isso no lugar de argumentos, sempre corre o risco de falar de forma autoritária e não autoritativa. Por esse motivo, parece-me que a grande comprovação do emprego legítimo da própria autoridade é a liberdade crítica de também, uma vez, poder-se estar enganado e de reconhecer isso. Eu gostaria de finalizar com a convicção de que essa liberdade crítica para consigo mesmo é um dos fatores mais fortes com os quais se constrói uma autoridade autêntica e através dos quais se mantém controlável o abuso de autoridade.

Tratamento e diálogo

Escolhi como tema dois conceitos que caracterizam o campo de experiência da arte médica: os conceitos "tratamento" e "diálogo". Dessa maneira, prossigo com a convicção de que a nossa conceitualidade nunca deve estar separada totalmente da experiência, que encontrou nas palavras sua expressão e repercute em palavras naturais. A meu ver, a importância dos gregos para as fases culturais posteriores do Ocidente reside em suas palavras e conceitos, por assim dizer, surgirem diretamente do falar. Somente em tempos recentes aprendemos, principalmente através de Heidegger, o que significou o recunho latino da linguagem conceitual grega, e o que isso continuou significando, de forma que somente a partir de mestre Eckhart e de Lutero se abriu à língua alemã um novo espaço em nosso pensamento e em nossa formação conceitual.

Gostaria, então, de também começar pelas palavras. Iniciemos pela palavra tratamento[36]: o que já não reside nessa palavra? O médico sabe disso imediatamente. Todo tratamento começa com mão[37], com a *palpa*, apalpando e examinando os tecidos. – Eu tive de recorrer a um médico para me lembrar disso! Na linguagem do paciente prevalece o significado modificado de tratamento, como quando se diz que se está, como paciente, em tratamento com alguém. Algo semelhante ocorre, no mesmo contexto, com a utilização da palavra

---

36. Cf. a nota seguinte [N.T.].

37. Conforme o já exposto acima, em alemão, "tratamento" é, no sentido buscado, *Behandlung*, que contém a palavra alemã *Hand*, a qual corresponde à "mão" e é empregada aqui analogicamente a "tratamento" por Gadamer [N.T.].

Tratamento e diálogo

131

grega *praxis*. Para as pessoas, a práxis[38] é um espaço no qual se vive e trabalha, e nela já não se escuta mais nada da sua aplicação ao saber. Até hoje o jaleco do médico, como roupa profissional, simboliza o médico em sua práxis[39]. Ora bem, ambas essas palavras, tratamento e diálogo, devem nos servir de orientação, em virtude da relação que mantêm entre si. No entanto, notamos no título que expressa essa relação que o decisivo parece faltar, a saber, a diagnose, e, com isso, a contribuição da ciência que identifica e interpreta resultados, com base nos quais o médico desenvolve um tratamento. Como o título "horário de consulta"[40] adverte, também pertence ao tratamento o diálogo, que representa o primeiro e também o último ato em comum entre médico e paciente, e pode abolir a distância entre ambos.

Ao escolher o meu tema tinha em vista, ao mesmo tempo, refletir sobre o aspecto oculto da saúde, e penso que um combina bem com o outro. Tratamento indica, primeiramente, que não se trata aqui de um fazer, de um produzir, ainda que falemos de restabelecimento[41] em relação a um paciente. Mas um médico sensato, ou um paciente, sempre irá agradecer à natureza por ter havido um restabelecimento de um do-

---

38. Gadamer se refere aqui ao sentido de *praxis* em alemão, que é também o de consultório ou clínica médica ou escritório jurídico. Traduzi *Praxis* como "práxis" para manter o entendimento da explicação do autor. No entanto, em outras partes do livro, emprego a palavra "práxis" para transpor o sentido aproximado de "prática" que *praxis* também possui [N.T.].

39. Ou seja, conforme a explicação da minha nota anterior, "no seu consultório", "na sua clínica" [N.T.].

40. Em alemão, *Sprechstunde*. Trata-se do período reservado à consulta, quando médico e paciente (ou ainda, por exemplo, professor e aluno) se encontram e conversam, havendo perguntas sobre procedimentos e conselhos, enfim, um diálogo. A palavra alemã indica isso claramente, pois *Sprech* vem de *sprechen* (falar) e *Stunde* significa "hora" [N.T.].

41. "Restabelecimento"/"recuperação" significa *Wiederherstellung* em alemão. Essa tradução, no entanto, não traz uma palavra semelhante ou igual a "produzir", a qual utilizei logo acima nesta frase, para traduzir *Herstellen*. A semelhança entre as duas palavras fica clara em alemão, mas não em português [N.T.].

ente. Pensemos no outro emprego lingüístico corrente. Costuma-se dizer algo como: "se é tratado" ou que "se trata alguém bem ou mal". Sempre há aqui um particular reconhecimento de distância e alteridade. Dizemos que tratamos alguém com cuidado, que se deve ter cuidado ao tratar dessa pessoa. Nesse sentido, todo paciente é, pois, um caso assim, com o qual temos sempre de proceder cautelosamente. Isso se deve ao seu estado de necessidade e, ao mesmo tempo, à sua desproteção. Perante a presença de tal distância, há necessidade de que médico e paciente encontrem um solo comum, no qual possam se entender, e essa base é o diálogo, o único elemento que pode cumprir aquela função.

O acesso ao diálogo entre médico e paciente não é, porém, algo fácil no mundo moderno. O médico da família, que outrora quase pertencia à própria família, não existe mais e o assim chamado "horário de consulta"[42] não é próprio para o diálogo. Nela o médico não está livre. Quer dizer, em seu consultório sua atenção é sempre desviada por uma conversa importante com outro paciente e pelo seu tratamento – e o paciente é absorvido por uma espera angustiante, quando não o é pelo clima de aflição de toda a sala de espera. De modo que a aproximação entre paciente e médico é muito questionável. Sobretudo, quando hoje se vai a uma clínica moderna. Ela suscita uma verdadeira perplexidade ao, logo no início, se perder o verdadeiro nome e, em seu lugar, se receber um número. Com ele se é, então, chamado na clínica moderna, por exemplo, pelo número 57. Essas talvez sejam exigências do moderno sistema de saúde, o qual eu não quero aqui, de maneira alguma, criticar. Mas tudo isso nos deixa consciente do quão difícil é a tarefa que é colocada a ambas as partes, ao médico e ao paciente, de se estabelecer um diálogo que inaugure o tratamento e acompanhe a cura.

Em relação ao tema diálogo me sinto suficientemente competente. Em meus trabalhos filosóficos tentei contribuir para isso ao destacar que a fala somente é o que ela é, quan-

---

42. Cf. nota acima sobre *Sprechstunde* [N.T.].

Tratamento e diálogo

do for diálogo, quando houver uma troca recíproca entre pergunta e resposta. A palavra "diálogo" já implica o falar com alguém, o qual responde a seu interlocutor[43]. Esse tipo de interação é inseparável de seu significado. O príncipe Auersperg chamaria isso de "correspondência coincidencial", a qual parece estar na essência da linguagem. Somente no diálogo a linguagem é o todo que ela pode ser. Todas as formas de uso da linguagem são modificações do diálogo ou ligeiras transformações de importância no jogo de pergunta e resposta. Há o convite para o diálogo e o entrar-no-diálogo, de modo que fica quase parecendo como se ele fosse o ativo, o agente que envolve em si ambas as partes. De qualquer forma, na área da medicina o diálogo não é uma simples introdução e preparação para o tratamento. Ele já é tratamento e continua sendo muito importante no tratamento que se segue, o qual deve conduzir à cura. O todo se exprime também na expressão técnica "terapia", que provém do grego. *Therapeia* significa serviço. Nessa palavra não há nada da conotação de que os médicos dominem seu ofício ao tratar de alguém. Ela reflete, antes, a ideia de subordinação e distanciamento entre médico e paciente. Ele "não tem nada para nos dizer", ele é a pessoa da qual esperamos um serviço de auxílio, e o próprio médico espera de si que ele possa executar esse serviço, e espera do paciente que ele também colabore para isso.

Mas, neste nosso mundo moderno, que é um mundo da ciência, a arte médica se tornou algo especial a ser refletido. Já o era também para os gregos. Ela defendeu-se contra todo o saber médico considerado válido pelo povo. A ciência, especialmente a ciência moderna com suas estruturas próprias, não pode se iludir quanto ao fato de que, desde o princípio, lhe são colocados limites. O objetivo da arte médica, pelo contrário, é a cura, e a cura não é o pleno poder do médico, mas

---

43. A palavra alemã *Gespräch*, a qual traduzi como "diálogo", contém *spräch* que deriva de *sprechen*, palavra que significa "falar". Para se aproximar de semelhança, eu teria de recorrer a uma tradução como "fala", mas ela, no entanto, não teria, como "diálogo", um significado mais aproximado de *Gespräch* [N.T.].

134   O caráter oculto da saúde

da natureza. O médico sabe-se apenas autorizado a auxiliar junto da natureza. Por mais engenhosos e técnicos que possam ser nossos meios de tratamento, permanece valendo a antiga expressão de sabedoria médica "intervenção é sempre intervenção", e isso vai além da cirurgia. Assim, continua sendo importante, sempre estarmos conscientes de que toda a nossa civilização e sua base, a ciência com sua capacidade técnica, sempre nos induzem a crer que se possa fazer tudo, semelhantemente ao cirurgião que diz: "Vamos retirar isso".

Reflitamos sobre o fundamental e nos perguntemos qual é a parte que cabe à ciência na arte médica. É algo indiscutível, e deve ser claro a qualquer um, que somente pode se tratar de uma parte. Pense-se simplesmente quão paradoxal isso já começa. O paciente é perguntado sobre o que lhe falta, ou, também, onde lhe falta alguma coisa[44]. Isso quer dizer que algo faltante deve ser detectado. Toda a grande aparelhagem do diagnóstico médico compõe-se hoje em tratar de encontrar algo faltante. Com isso, eu descrevo o que a linguagem determina e o que são as experiências que todos nós, os médicos e os pacientes, temos como seres humanos. Aliás, a arte de curar, em determinado sentido, sempre necessitou de defesa, já que ela não permite um visível produzir. Certa vez recorri a um antigo tratado sofista para essa questão e mostrei como, precisamente o mundo antigo, estava consciente de que o médico, ao conseguir uma cura, não produz simplesmente um produto. A saúde depende de muitos fatores e, no final, encontra-se não somente a saúde, mas a reintrodução do paciente na sua antiga posição na vida cotidiana. So-

---

44. Conforme já havia explicado em nota anterior, a tradução do sentido das expressões *was ihm fehlt* e *wo fehlt es* é algo como "o que ele tem" e "onde ele tem alguma coisa", perguntas típicas dos médicos. Nelas, Gadamer quer explorar o sentido do verbo *fehlen*, que basicamente significa "faltar", para empregá-lo em sua análise. A fim de privilegiar o entendimento do leitor em relação ao contexto da linha de pensamento do autor, optei por uma tradução literal da expressão [N.T.].

Tratamento e diálogo 135

mente isso é a plena "recuperação"[45], que, com certeza, frequentemente ultrapassa as possibilidades e competências do médico. Nós conhecemos isso também através daquilo que hoje se chama hospitalismo, de como pode ser difícil a reinserção na vida, mesmo para aqueles que voltaram a se tornar saudáveis.

O diagnóstico é, certamente, algo que pertence à ciência. Mesmo assim, é suficientemente paradoxal que o médico possa também se comportar de tal modo que pergunte: você se sente doente? Esse sentir-se-doente e o fato de se perguntar daquela maneira já revelam que, se falta algo a alguém, é porque se trata de uma perturbação que está oculta. Trata-se, portanto, de algo, do qual ainda não se sabe nada acerca do que deva se tomar como objeto do exame, e do qual também não se pode saber nada. Mas o médico moderno naturalmente me dirá: sim, nós podemos. Nós fizemos isso, sim, quando testamos todo o contexto funcional da vida no organismo, e talvez até mesmo também na esfera psíquica do paciente, e acreditamos que, através de medições, estamos comprovando o que há com ele. Obtivemos todos os resultados da medição e todos os dados e os comparamos com os valores padrões. O médico experiente deve saber que se trata apenas de linhas diretrizes que servem a uma visão geral do diagnóstico. Sempre é necessário desconfiança e um exame refletido para que se tenha um quadro geral do estado do paciente.

---

45. Recuperando e dando continuação ao que já foi observado em nota anterior: a palavra alemã traduzida como "recuperação" é *Wiederherstellung*, a qual traz consigo *herstell* que vem de *herstellen*, que, por sua vez, significa, entre outros, "produzir", "estabelecer". Seria, literalmente, como uma nova produção ou um voltar a produzir ou, ainda, fazer com que se volte a produzir. Gadamer utiliza acima *herstellen* ao afirmar que o médico não *produz* simplesmente um *produto*, daí a sua intenção em salientar, a partir daqui, qual seria a verdadeira "recuperação" (*Wiederherstellung*) – se eu tivesse traduzido acima *herstellen* como "estabelecer", não teria transmitido o sentido de "produzir um produto" como nos é conhecido. Mas, em português, aquela ligação não fica clara, porque "recuperar" ou "restabelecer" não se refere tão imediatamente a "produzir" como deseja-do pelo autor [N.T.].

Não é estranho que a saúde se oculte de uma maneira assim tão peculiar? Tem-se de dizer, provavelmente, que nós, como pessoas saudáveis, sempre somos sustentados por uma camada mais profunda de nosso inconsciente, por uma espécie de bem-estar. Mas mesmo isso parece estar oculto. "Bem--estar" é realmente alguma coisa ou, no final, nada mais do que um não sentir mais dor, uma retirada de dor e mal-estar? Pode-se, de fato, imaginar um estado permanente de bem-estar? Eu devo confessar que sempre me parece estranha a descrição do ser divino fornecida por Aristóteles, um ser que está contínua e ininterruptamente presente a si mesmo e desfruta de si em sua própria presença e na presença de todos, os quais lhe são concedidos mirar. Esse deus não pode, por exemplo, saber o que é despertar, este momento em que o "aí" nasce e se torna claro, e quando ocorre tudo aquilo que se relaciona com a manhã. Expectativa, preocupação, esperança, futuro, tudo isso reside no despertar, e lhe correspon- de o segredo do dormir e do adormecer, uma ocultação sin- gularmente misteriosa que toca naquela da morte. Pois nin- guém pode ao menos "vivenciar" seu adormecer. E o que há, de fato, nesta estrutura de sono e morte, de imergir no sono, e no despertar? Penso frequentemente em algumas palavras que Heráclito disse sobre a proximidade entre o sono e a mor- te – e naquela outra expressão sua: a harmonia oculta é mais forte que a manifesta. A saúde é um milagre como esse, de uma forte, mas oculta harmonia. Quando estamos saudáveis, estamos, na realidade, entregues àquilo que, respectivamen- te, está aí para nós, e todos sabemos o quão fácil qualquer mal- estar e, sobretudo, é claro, uma dor, pode perturbar esse sublime estado de despertez.

Nos trabalhos do Príncipe Auersperg, cuja memória hon- ramos, aprendi a entender que forma peculiar de existência a dor possui. Neles se aprende como a dor é e como ela envol- ve todo o eu. Do mesmo modo, a partir daquelas obras com- preendemos a singular auto-ocultação que pertence à dor, de forma que, frequentemente, torna-se difícil afirmar onde dói. Não é nada fácil mostrar ao dentista qual dente está doendo

Tratamento e diálogo 137

ou de qual suspeitamos que doa. No final, para a correta aplicação da ciência médica, tem-se que é necessário mais do que percorrer ou, como se diz hoje, "checar" o organismo em todos os seus processos. Como velho platônico, gostaria aqui de lembrar um contexto reflexivo do *Fedro*: Sócrates diz: "Nós procedemos com a retórica como com a arte médica". Fedro: "Por quê?" Sócrates: "Em ambos é preciso decompor a natureza, a do corpo em um lado, a da alma no outro, se ambicionas, não apenas de maneira convencional e com base em simples rotina, mas com arte, no caso da medicina, obter saúde e força através do emprego de medicamento e alimentação, e, no caso da retórica, transmitir virtude e a convicção que queres através de bom conselho e costumes regrados". Fedro: "Ao que tudo indica, assim o é, ó Sócrates". Sócrates: "E você acredita poder compreender corretamente a natureza da alma sem compreender o todo da natureza"? Fedro: "A acreditar em Hipócrates, o asclepiano, sem tal procedimento, não podemos entender nem mesmo a natureza do corpo". De fato, os escritos da medicina antiga estão repletos de descrições das condições do meio ambiente em que vive o doente. Cada vez mais também nós temos aprendido que a saúde exige uma harmonia com o meio social e com o ambiente natural. Somente a partir disso é permitido a alguém se integrar no ritmo da vida. Assim acontece com o ritmo da respiração ou com o controle da vigília e do sono. Basta, para isso, a arte de medir da nossa ciência?

Mais uma vez, gostaria de citar um diálogo platônico, um diálogo de *Político*. Nele são introduzidos dois tipos diferentes de conceitos de medida e de medir. E, de fato, se lembrarmos os primórdios da ciência moderna e termos em vista o começo da era moderna, encontraremos uma enorme transformação da maneira de pensar a medição, a qual já inicia na aurora da era moderna. Nicolau de Cusa já propunha programas completos de medição. Porém, seu objetivo era, desse modo, encontrar confirmações precisas para antigas verdades.

Mas, atualmente, ocorre que a ciência moderna recolhe e vê esses resultados das medições como fatos verdadeiros.

138   O caráter oculto da saúde

No entanto, essas medições obedecem a um padrão aplicado aos fenômenos e esse padrão foi estabelecido por convenção. Nós o adotamos para aquilo que é medido. Estamos acostumados a sempre proceder assim. O médico também age dessa maneira com o paciente, mas raramente consigo mesmo. Quando perguntei a um médico amigo, que estava doente, o que o termômetro estava indicando, ele apenas fez um movimento de desdém com a mão. Não utilizava o termômetro para ele mesmo. Não lhe interessava. De fato, há um outro conceito de medida, diferente daquele pertencente ao domínio do que é medido assim, e ele se encontra no diálogo platônico *Político*. Nele se fala que há uma medida com a qual não se chega a alguma coisa, mas uma medida que alguma coisa tem em si mesma. Se quisermos transportar isso para a língua alemã, podemos dizer: não há apenas o medido (*Gemessene*) através de uma medida adotada, mas também o adequado (*Angemessene*). O adequado não é algo que se deixe verificar. É claro que se pode medir a temperatura. Mas isso significa avaliar a temperatura medida de acordo com normas padrões, e isso é uma normalização grosseira. Por isso, a produção medicamentosa de valores normais pode também fazer mal a alguém. O verdadeiro sentido significativo do adequado é precisamente que ele representa algo que não se pode definir. Todo o sistema do processo de equilíbrio do organismo e do próprio meio social do ser humano possui algo de adequabilidade. Mas o primado do medir não vale apenas para a ciência médica. O conceito universal de método, com o qual relacionamos o conceito moderno de ciência, atua como um modo de pensar construtivo. Assim, pode-se bem dizer que é o método que primeiro constitui o objeto do saber em geral. Aquilo que não se submete a um método e, com isso, a um controle, e não se mostra acessível ao teste, encontra-se em zonas cinzentas, nas quais não se pode mover com responsabilidade científica.

A diferença empregada entre *metron* e *metrion*, entre a medida, por um lado, e o adequado, por outro, mostra em qual abstração se movimenta a objetificação através dos métodos de medida da ciência moderna. Max Planck disse que o fato é aquilo que se pode medir. Esse conceito de medida e de método se relaciona claramente com a posição preferencial da autoconsciência no pensamento moderno. Eu gostaria aqui de ser, então, mais justo com Aristóteles e lembrar que ele, ao descrever o deus como o que permanentemente está presente a si mesmo, acrescenta logo, porém, que, para nós, tal estar-presente-a-si-mesmo é sempre apenas *en parergo*, "estar-junto-de". Nós apenas somos conscientes de nós mesmos, quando estamos totalmente entregues a alguma coisa que está aí para nós. Somente quando estamos totalmente neste estado, voltamos a nós mesmos e estamos conscientes de nós mesmos. O ideal de uma plena autopresença e de uma plena autotransparência, que corresponderia mais ou menos ao conceito de *noûs* ou ao de espírito e ao novo conceito de subjetividade, é, na verdade, um ideal paradoxal. Pressupõe-se o estar-entregue a alguma coisa, vendo-a, opinando, pensando, para que se possa voltar-se a si mesmo.

Tal voltar também me interessou especialmente em relação à linguagem poética. É próprio de sua experiência o inclinar-se, por assim dizer, para o material e para o sonoro da linguagem. Mas isso não cabe aqui. – Para voltar às minhas reflexões, devo, então, dirigir-me aos limites necessários de toda a experiência objetivante. Para isso, temos o auxílio da linguagem que, em alemão, nos oferece o belo par de expressões "corpo" (*Körper*) e "corpo vivo"[46] (*Leib*). Quando empregamos a palavra *Leib*, temos, com um sentimento linguístico que ainda não está todo extinto, uma associação direta com *life*, com vida (*Leben*)[47]. "Corpo vivo e vida" é algo diferente do que se possa medir. Já corpo, no significado mais

---

46. Uma outra opção de tradução para *Leib* poderia ser "corpo vivo sensível" [N.T.]

47. Nesta frase, deixei o *Leib* (o qual já se encontra traduzido na frase anterior) no original em alemão, bem como acrescentei o original alemão *Leben* após sua tradução, para manter o sentido da sonoridade que o autor quer que se perceba aqui, a saber, a semelhança sonora entre *Leib* (o "ei" tem um som equivalente ao "i" de *life*), *life* e *Leben*, a qual servirá para explicar a proximidade da relação entre os seus significados [N.T.].

140   O caráter oculto da saúde

amplo da palavra, não se subtrai de modo algum àquilo que se pode medir e determinar através de objetivação.

Designar como adequado o imensurável não é, ela mesma, a meu ver, uma expressão muito adequada. Pois "imensurável" nega apenas o tornar científico a interpretação dos fenômenos e admite, como palavra, os próprios limites. Já "adequado", em comparação, remete a uma exatidão autônoma, que não se define a partir da negação de alguma outra coisa. É semelhante à antilógica da percepção, analisada por Viktor von Weizsäcker. Essa é uma coisa com a qual muito aprendi. Também aí se tem-se de se libertar de um ideal abstrato de construção, caso se queira entender adequadamente a experiência.

O mesmo vale, basicamente, de forma que mal arrisco lembrar num círculo de especialistas, para os conceitos de inconsciente e de subconsciente. Esses são conceitos antilógicos, quer dizer, conceitos que efetuam o pensar a partir de um antagonismo, o qual eles tão somente sabem descrever como sendo aquela tal negação. Essas reflexões, nas quais nos encontramos aqui, relacionam-se, no fundo, ao conjunto da situação mundial – e à tarefa de nossa civilização de nos reconduzir à adequabilidade na qual se equilibra o decurso natural da vida física e orgânica, mas também, do mesmo modo, a saúde mental. Aquilo que tornamos objeto e podemos objetivar já saiu do acontecimento de equilíbrio inerente à natureza e ao natural, ao qual pertence, justamente, algo como adequabilidade, uma harmonia invisível que, segundo Heráclito, sendo a mais forte, tudo domina.

É neste contexto mais amplo que interessa a experiência da dor e aquela célebre frase de Goethe, na qual dizia que não podia se lembrar de um dia da sua vida em que não tivesse sentido dor. Essa é, naturalmente, a afirmação de um ser humano com especial sagacidade para a auto-observação e com uma elevada sensibilidade. Mas, para poder se dizer isso, assim, já se comprova uma conduta segura, com a qual ele mesmo se reconduz à superação da dor e ao bem-estar. Conhece-se a surpreendente história da grave doença enfren-

Tratamento e diálogo 141

tada por Goethe aos oitenta e um anos de idade, quando os médicos, na verdade, haviam-no desenganado. Então, ele, subitamente, pediu água. Somente porque não parecia mais haver salvação para ele, os médicos permitiram que lhe fosse dada água – e, por conseguinte, iniciou-se o processo de convalescença. É provável que hoje se possa esclarecer precisamente o efeito daquela ingestão de água. Eu não quero, absolutamente, contestar que a pesquisa atual, inclusive com os métodos de medição científica e seu emprego sensato, saiba muito, e muito mais do que sabemos nós leigos.

Mas, com isso, chego a um ponto com o qual, à medida que vou ficando mais velho, mais vou me ocupando. Creio que nas comemorações em homenagem a Viktor von Weizsäcker eu disse: acho que os conhecimentos psicossomáticos são ainda mais valiosos para o paciente do que para o médico. Os seres humanos têm de reaprender que toda perturbação da saúde, pequenas dores e mesmo todas as infecções são, na verdade, sinais para se recuperar o adequado, o balanço do equilíbrio. No final, ambos estão correlacionados, perturbação e sua superação. Isso constitui a essência da vida. A partir daqui, o conceito de tratamento adquire sua limitação crítica interna. O médico que trata do paciente o sabe muito bem. Ele tem sempre de se retirar para conduzir o paciente com sua mão cautelosa e permitir que sua natureza volte a si mesma.

Aqui se apresenta a significação do diálogo e da comunhão que se cria entre médico e paciente. Isso não é justamente aquele misterioso latim em que os médicos frequentemente sussurram um ao outro no tratamento ao trocarem suas impressões, mesmo que não usem exatamente a palavra *exitus*. Eu entendo os motivos. Não se quer preocupar o indefeso paciente, mas também não se quer privar-se do conselho de outros médicos. É necessário, no entanto, muita cautela para que o tratamento não revire tudo na cabeça do paciente, mas que o permita caminhar novamente com os próprios pés. Assim, o diálogo que deve ser conduzido entre médico e paciente não tem, por exemplo, somente o significado da anamnese. Essa é uma forma modificada que também faz parte do diálogo, sobretudo porque o paciente mesmo quer se lembrar e contar a partir de si. Acontece, então, o que, na realidade, o médico, como médico, procura, a saber, que o paciente esqueça que ele é paciente e que está em tratamento. Quando se chega ao diálogo do modo como nós, no mais, também nos entendemos um com o outro através do diálogo, passamos a estimular novamente o contínuo equilíbrio de dor e bem-estar e a sempre repetida experiência da recuperação do balanceamento. Assim é o diálogo que pode se tornar profícuo na situação de tensão entre médico e paciente. Porém, esse diálogo somente será, de fato, auferido, quando ele se tornar quase igual ao que nós, no mais, também conhecemos na vida em comum com outras pessoas, a saber, quando se envolva num diálogo, o qual, na verdade, não é conduzido por ninguém, mas que conduz todos nós. Isso também permanece válido para esse tipo de diálogo entre médico e paciente. No diálogo socrático, composto por Platão, a condução do diálogo parece partir de Sócrates. (Quase não se percebe o interlocutor.) Mas também lá é assim que, com isso, através de tal diálogo o outro deve ser conduzido ao seu próprio olhar. A aporia na qual ele se envolve no diálogo é tal que ele acaba não sabendo mais que resposta dar. Mas também a enumeração dos elementos definidores não possui o caráter de um ensinamento ou de uma tentativa de dominação, como se alguém soubesse tudo exatamente. O diálogo apenas faz com que o outro, sem que volte a se desorientar, vislumbre a possibilidade de despertar a sua própria atividade interna, a qual o médico chama de "colaboração".

Também na escola fenomenológica, fundada por Husserl, acabamos de aprender um pouco dessa relação com o olhar por si mesmo. Eu percebo como um desenvolvimento questionável, quando, agora, formas tecnológicas de pensamento penetram na conduta linguística e se queira entender a linguagem como uma série de regras. É inegável que se pode descrever muita coisa dessa maneira no mundo da linguagem, e que as possibilidades de expressão abertas pela inconsciente série de regras daquele que possui competência linguística não devem ser ignoradas. Mas o grande milagre da

Tratamento e diálogo

linguagem é, pois, quando alguém – talvez contra todas as normas – consegue encontrar a palavra certa ou captar de outro a palavra apropriada. Isso é, então, "o correto". Desse modo, eu gostaria de ver, também aqui na base do nosso próprio diálogo, a reintegração da autodisciplina teórica, que capacita para a ciência, nas forças que chamamos de "razão prática". Assim é desde o século XVIII, o que os gregos pensaram com a palavra *praktike* e com *phronesis*, aquela vigília adequada a uma situação, na qual convergem a diagnose, o tratamento, o diálogo e a "colaboração" do paciente. O que se passa entre médico e paciente é a vigilância, que é tarefa e possibilidade do ser humano, a capacidade de captar e de corresponder corretamente à situação do momento e, no momento, à pessoa que se encontra. Pode-se também, a partir daqui, entender o que é o diálogo terapêutico. Não se trata de um diálogo naqueles termos, já que se procura aqui, pelo diálogo, alcançar a verdadeira meta de restabelecer no paciente o fluxo de comunicação da vida da experiência e os contatos com outras pessoas, dos quais o psicótico tão calamitosamente se encontra excluído.

O mistério da saúde permanece oculto. Pertence à preservação da saúde o caráter oculto, que se constitui no esquecer. Uma das grandes forças curativas da vida é o fato de, todas as noites, entregarmo-nos ao sono curativo do esquecer. Não poder esquecer é um sofrimento pesado. Não é, absolutamente, um ser-capaz-de-fazer. Permitam-me contar-lhe uma piada. Trata-se de um alquimista. A história deve ter acontecido em Dresden, onde a porcelana foi inventada quando se procurava a arte de se fazer ouro.

Lá, numa corte, alguém está sendo bem pago. Após muitos e muitos meses o patrocinador, que era o soberano, perde a paciência e exige que, finalmente, veja-se alguma coisa agora. O alquimista, então, diz que acabara de ficar tudo pronto para a experiência. Assim, reúne-se a corte e o experimento deve ser exibido. Mas antes de começar o alquimista diz: "Eu devo colocar a todos presentes apenas uma condição. Durante a exibição da experiência ninguém deve pensar num elefante..." Se alguém ainda não sabe disso, aprende-se o que significa dever não pensar em alguma coisa. A piada faz muito sentido. Poder fazer ouro, fica naturalmente subentendido, é impossível. Esquecer como "saber" uma arte, a qual, por assim dizer, domina-se, não é menos impossível. Os limites daquilo que se pode dominar não são o todo daquilo de que nossa vida e nossa prosperidade dependem. Isso vale para o indivíduo, vale para a sociedade, para as associações entre os povos em sua vida coletiva, isso vale para a nossa convivência com a natureza. Todos nós estamos, por assim dizer, permanentemente seguindo uma pista. Há limites para o saber, há limites para o ser-capaz-de-fazer. Saber, e não apenas o ser-capaz-de-fazer da ciência, representa poder e proporciona as possibilidades da dominação. Assim, o ser humano tem de se impor também perante a natureza. Essa é a situação singular do ser humano, ter de se impor através de seu próprio escolher consciente. Nós, humanos, não estamos plenamente adaptados a nosso espaço vital através dos mecanismos de nossos instintos e reações. Precisamente esta é a nossa natureza, ter de nos impor também perante a natureza, até onde podemos. Mas, com maior razão, é próprio à natureza humana manter-se – em todo o saber e ser-capaz-de- -fazer – em harmonia com a natureza. Esta é a antiga sabedoria estoica. Ela é válida somente para os filósofos? Eu acho que não. Eu nunca me sinto bem quando alguém confere ao pensador a presunção de que ele saiba o que, no mais, ninguém sabe ou conhece ou até mesmo algo que devesse vir a ser. Creio que o pensamento filosófico se constitui apenas em elevar aquilo que todos sabem a um nível superior de consciência. Mas isso também significa que eles não sabem tudo e que nós estamos um pouco, que é da extensão daquele nível, menos ameaçados pelo abuso do pretenso saber e do ser-capaz-de-fazer.

Vida e alma

Para todo aquele que se dedica à psicologia permanece proveitoso ocupar-se com a filosofia, sobretudo com os mais remotos primórdios do pensamento grego. Isso eu gostaria de demonstrar nesta palestra. O tema escolhido, "Vida e alma", é, naturalmente, um problema de enorme dimensão, ao qual somente com Sócrates se pode responder: ou *smikron ti* – "isso não é uma insignificância". Será percebido que o tema não prossegue com "consciência, autoconsciência e mente". A partir de uma determinada pré-compreensão se poderia, sim, resumir dessa maneira a relação da disciplina psicologia com a filosofia. Nesse sentido, não há mais, naturalmente, uma disciplina filosófica que se chame psicologia. Essa perspectiva acabou com a célebre crítica de Kant à *psychologia rationalis* e, especialmente, com a em si grandiosa reelaboração de Mendelssohns do *Fédon* platônico. Não se discute mais que, a partir de simples conceitos, possa-se demonstrar a imortalidade da alma, como foi, uma vez mais, tentado por Mendelssohn numa arriscada reinterpretação do *Fédon* de Platão. Mesmo o idealismo alemão ensaiou, na verdade, um outro aspecto, ao procurar reintegrar não somente a psicologia, mas todas as ciências à filosofia. Essa empresa de Schelling e Hegel foi, em certo sentido, presunçosa e, assim, suscitou um contragolpe por parte das ciências experimentais que, por fim, no final do século XIX, ameaçou deixar a filosofia, apenas em forma de psicologia.

Eu venho de Marburgo. Foi um dos grandes acontecimentos da vida acadêmica alemã, quando o líder da escola neokantiana de Marburgo, Hermann Cohen, demitiu-se e, com Erich Jaensch como seu sucessor, foi nomeado um psicólogo experimental. Essa designação foi acolhida, em geral,

146 O caráter oculto da saúde

como grande sensação e, com efeito, foi uma data importante, pois, a partir daí, psicólogos e filósofos concordaram que tal demolição da filosofia não deveria prosseguir. Talvez se devessem criar cátedras específicas para psicologia. Mas como acontecia na filosofia, do mesmo modo que na psicologia, a herança do idealismo alemão expunha suas marcas profundas, uma vez que os temas consciência e autoconsciência permaneciam determinantes. Na verdade, toda a história do espírito no século XIX, em comparação, constituiu em uma expressa superação dos limites da consciência, com Schopenhauer, Nietzsche, Freud e todos o que seguiram por essa direção. Não apenas o fenômeno do sonho, mas com o auxílio deste, todo o mundo noturno, o qual chamamos de mundo da inconsciência, tornou-se um novo tema. A expressão "inconsciente" é como um último testemunho de como é forte a dominância da ideia de consciência no pensamento. Assim, já é quase uma confissão o meu tema ser "Vida e alma". Todo conhecedor da Antiguidade sabe que ambas as palavras possuíam quase o mesmo significado para os gregos, de modo que, com maior razão, o conceito de vida em nosso século se moveu para o centro da filosofia.

Na verdade, não sabemos realmente o que significa a palavra alemã *Seele* (alma), na qual se expressa tanta experiência. Não há uma etimologia convincente para aquela palavra. Ela não entra na série de palavras da mesma família as quais, em outros idiomas, acabaram se transformando em *animus*, *anima*, *l'âme*, etc. É muito significativo que também na psicologia de hoje se acredite poder designar um ponto essencial com os conceitos "vida" e "alma". Nisso, a grande transformação fenomenológica da filosofia desempenhou um papel nada desprezível. Nessa direção, atuaram nomes como Husserl, Scheler, Heidegger e a hermenêutica filosófica.

Assim, parece ser indicado que nos ocupemos ainda um pouco mais com a expressão de mundo e experiência de vida que está incutida naquelas palavras. Num primeiro plano, coloco as duas palavras alemãs, cujo significado se parece com a palavra grega *psyche*. Todos percebem bem que a palavra *Leben* (vida) tem algo a ver com *Leib* (corpo), e também na

Vida e alma

fala há a mais estreita ligação entre *Leben* e *Leib*. No germânico era a mesma palavra. Sob a palavra grega *psyche* ressoa essa relação. É o hálito, a respiração, aquele algo incompreensível que, de modo totalmente inconfundível, separa os vivos dos mortos. No grego há duas expressões para vida das quais fazemos uso em palavras estrangeiras: são elas *zoe* e *bios*. A diferenciação não seria nada fácil, mas qualquer um sabe que quando se diz zoologia não se está pensando em biografia. A razão pela qual não se confunde esses significados, porém, já contém o conhecimento essencial de que *bios* é a vida que se expõe a si mesma ou que é compreensível para o outro.

Mas quando partimos da precondição de que estamos nos referindo ao corpo, ao hálito, à respiração, então nos vemos conduzidos a um problema fundamental que ocupa, como acontece na moderna neurofisiologia, também desde sempre o pensamento da filosofia. É o problema atual do automovimento. Para isso, não é necessário ser realmente um filósofo para saber que uma das experiências fundamentais que constatamos nos seres vivos é o automovimento. A filosofia grega também chamava assim (*heauto kinoun*) aquilo que se move por si mesmo. Aristóteles levou isso às mais sutis diferenciações conceituais. Tem-se, pois, de se questionar como pode ser aquilo que, no mais, na verdade está excluído na experiência: nada é movimentado sem que um outro movente esteja presente. Parece tão evidente falar de "automóvel", e, no entanto, é uma formulação conscientemente paradoxal. Aliás, na moderna neurofisiologia, a percepção do automovimento parece ser bem diferente da percepção do movimento realizado através de outro. Estar aqui também próximo ao enigma da vida é como um desafio para o pensamento.

Se a linguagem nos oferece a relação do hálito e da respiração com a vida, a singularidade da natureza humana se caracterizará, pois, também de uma outra maneira. Ao menos os pitagóricos já relacionavam o conceito *psyche* com *anamnesis*, ou seja, com o reino da lembrança e da memória. Para dominar isso de uma forma pensante, os gregos empreenderam uma série de esforços. Recordo que no *Fédon* platônico, na questão da imortalidade da alma, o ciclo do acontecimen-

148 O caráter oculto da saúde

to natural não é suficiente para o esclarecimento do destino das almas, e recordo como, por isso, os interlocutores de Sócrates, junto com ele, recorrem à lembrança do já visto e, assim, à misteriosa capacidade do pensamento em geral.

Com isso, entra-se numa nova dimensão do ser. Como é isso, na realidade? Costumamos dizer *mneme*, *memória*, ambas expressões para o que está firmemente programado nas características vitais dos seres vivos e nos seus instintos. No entanto, *anamnesis*, o lembrar-se, é, indiscutivelmente, uma outra coisa. Decerto, ela se relaciona com *mneme*, mas, de um modo específico, parece reservado ao ser humano. Lembrança, a *anamnesis*, é uma forma do pensamento, do *logos*, quer dizer, do procurar. Todos nós conhecemos isso, quando se tem uma palavra na ponta da língua e, mesmo assim, temos de procurá-la e, normalmente, não encontramos a certa. Mas o fato de alguém poder procurar e, no final, saber se encontrou o procurado, é a característica do ser humano. Hegel encontrou, uma vez, algumas imagens de brilhante vigor para esse plano do ser. Ele fala da "noite da conservação". Isso é *mneme*, na qual se precipita tudo o que foi experimentado – e, no entanto, sem estar presente, pode ser buscado novamente. Assim, a noite da conservação está misteriosamente ligada ao verdadeiro poder do humano, que acontece na recuperação do que se precipitou e já é um estar-a-caminho da linguagem.

O que é esse poder e sua capacidade de fazer? Os gregos deram os primeiros passos no pensamento. Num diálogo platônico, no *Cármides*, há uma passagem interessante, na qual acredito reconhecer uma referência a Heráclito. Diz-se que a *dynamis*, a capacidade, sempre é a capacidade para alguma coisa. Pode haver também uma capacidade para si mesmo? O que deverá ser uma capacidade para si mesmo? Pressente-se a verdade de que todas as capacidades que assim temos já são sempre capacidades para nós mesmos. Talvez isto seja a verdadeira característica de coisas como "mover-se-por-si-mesmo": ser também aquela tal capacidade para si mesmo. Pois não existe o mover-se-por-si-mesmo, o arder do aquecido, o reluzir da presença, que experimenta-

Vida e alma

mos todas as manhãs? Trata-se de uma enigmática ausência de transição entre o assim inconciliável, entre o sono que se assemelha à morte e o repentino estar desperto. Por certo, diz-se, às vezes, que se está apenas meio acordado. Mas, quando se está meio desperto, se está completamente desperto. É um tema de Heráclito, como a vigília e o sono, e a vida e a morte estão juntos sem transição e representam uma unidade indissolúvel.

Se quisermos descrever o que, de fato, significa uma capacidade dirigir-se a si mesma, então diríamos, talvez, "eu estou consciente de minhas próprias capacidades". Este é o conceito de consciência que domina o pensamento dos últimos séculos sob a palavra "reflexão". Reflexão é, primeiramente, uma expressão óptica. Conhecemo-la a partir da filosofia estoica, segundo a qual o mistério da luz é que ela ilumina tudo e, assim, ilumina si mesma. De fato, a luz, sem a reflexão, seria como a noite. A observação totalmente direcionada ao brilho da luz nos ensina isso, e tal conceito de reflexão se tornou familiar no pensamento filosófico da era moderna. Com isso, chego ao decisivo contexto do problema. Primeiramente, eu falei sobre tentativas tateantes de uma nação altamente dotada para a especulação, com um vocabulário que os gregos criaram a partir da observação do mundo, a fim de compreenderem fenômenos marginais enigmáticos, como o ritmo do dormir e despertar e o hiato entre vida e morte. De alguma maneira, encontra-se aqui o mistério da consciência e o problema da autoconsciência. É claro que tudo isso foi dito acerca da alma, mas o que é a alma e o que é o pensamento que surge no ser humano? – já que os gregos garantem que nenhum pensamento pode ser sem a alma.

Mas o que significa pensar? Os gregos falavam de *noûs* e, com isso, referiam-se, originalmente, à evidência imediata daquilo que se tem perante os olhos, quer se veja com os olhos do corpo ou com os olhos da mente, como o fazem os matemáticos que, em vez de verem a figura que estão olhando, veem através dela o verdadeiro triângulo, ou como todos nós fizemos, na medida em que nos entendemos pelas palavras. Nós buscamos as palavras da memória, de modo que vemos algo perante nós, como o matemático vê sua figura.

150   O caráter oculto da saúde

Assim, *noûs* se torna o "puro" pensar, e Hegel pode reencontrar o mais elevado modo do pensar, a autoconsciência, na metafísica aristotélica, onde ela caracteriza o deus que move toda a natureza. O Sócrates platônico abre, para isso, a dimensão do pensamento puro, ao tomar o conceito de *anamnesis* do ensinamento pitagórico da migração das almas e do pensamento pitagórico sobre terapia. Sócrates mostra, então, que, ao pensarmos, todos nós realizamos, permanentemente, essa relembrança. Apenas quando temos em mente alguma coisa é que procuramos lembrar-nos do que se procura na verdade, até que se ache. Dessa maneira, abre-se a dimensão do passado, e nela se encontra o sentido para o tempo.

Imaginamos possibilidades e temos de escolher entre elas. Isso se aplica também ao lembrar-se. Queremos nos lembrar de alguma coisa e, frequentemente com dificuldades, selecionamos essa coisa de uma grande fluência de imagens e representações que se aglomeram. Isso é pensar, fazer ponderações aqui e acolá (*logizesthai*). Isso é "alma". Toda a alma está, incessantemente, preocupada. *Epimeleia* é a expressão que se encontra para isso no *Fedro*. Preocupar-se, no entanto, é sempre não estar em si, pois se está preocupado com algo ou com alguém, e apenas assim é um preocupar-se e, com isso, é algo como a capacidade que se dirige a si mesmo, que é, pois, a distinção do *noûs* humano.

Para Aristóteles, torna-se uma tarefa difícil encontrar um lugar para esse conceito de *noûs* em sua *Metafísica*. Quer dizer: no quadro de referência de uma física, na ordem do ser. Desse modo, Aristóteles quer conciliar o conceito puro de deus com a tradição religiosa dos gregos e, por isso, descreve o *noûs*, em sua reflexividade, na sua autorreferenciação e autonomia, como o mais elevado ser. Nada ser, exceto estar ocupado consigo mesmo, não depender de nada e tudo abranger em si, isso é o divino. Mas como deve ser o pensar? Lembremos que pensar é pensar-em-algo. Apenas aquele que pensa em algo pode estar consciente de si mesmo. Porém, Aristóteles possui à sua disposição, da linguagem e do mundo da vida do pensamento grego, apenas os conceitos "fazer" e "sofrer", e assim ele descreve essa vigília do pensamento como o *noûs* ativo, que ainda não pensa em nada; mas, precisamente como *intellectus agens*, efetua a fixação de algo no pensamento. Assim, ele tem de afirmar que esse pensar do pensar se dirige a si mesmo sempre apenas à margem do pensar-em-algo. Partir de um primado da autoconsciência e de uma reflexividade sem "luz" não é um dado fenomenológico. A grande consequência da concepção de mundo grega é, antes, que ela retém essa visão que se entrega como o autêntico modo de encontro da verdade. Isso se encontra assinalado, inequivocamente, na palavra *noûs* e no emprego linguístico. Nisso, vemos que é a transformação ocorrida na era moderna que antepõe a tudo a certeza do conhecimento e aceita a inversão do dado fenomenológico. Isso traz consigo amplas consequências.

Quando a reflexão filosófica de Descartes introduziu a diferença entre *res extensa* e *res cogitans* sucedeu o limiar de uma nova época, a era da ciência moderna. De acordo com o seu pensamento, ambas são substância, quer dizer, elas não necessitam de uma outra coisa para a existência, nem mesmo a *res cogitans*. Ela consiste em pensar-se a si mesma. Toda a ciência moderna se baseia nesse fundamento. A autocerteza da autoconsciência é o fundamento inabalável de toda certeza e, com isso, aos olhos da moderna ciência, do verdadeiro saber. Trata-se de um novo e estreito sentido de saber que assim se estabeleceu na era moderna. Nietzsche tem razão: é a vitória do método sobre a ciência e a inversão da verdade em certeza. Isso se tornou patente na ciência galileana dos séculos XVII e XVIII como o fundamento da grande edificação das ciências naturais modernas.

Isso não podia, naturalmente, permanecer sem problemas circundantes que sempre voltam a se fazer valer em suas próprias exigências. O caso clássico é Leibniz. Ele próprio descreveu como que, durante um passeio pelo Rosental em Leipzig, teve de se convencer da inevitabilidade da física galileana e, contudo, avaliou a herança aristotélica da enteléquia, tendo em vista o fenômeno da vida, como imprescindível. São coisas complexas que determinam os nossos destinos espirituais. Assim, o microscópico, por exemplo, forneceu naque-

152 O caráter oculto da saúde

le tempo, as primeiras grandes comprovações da vitalidade, ou seja, da alma, em todos os seres, quando os infusórios, os diminutos seres presentes na infusão, tornaram-se visíveis. Aquilo foi, então, uma sensação inacreditável. Tudo o que existe é vida e alma, assim como isso era uma coisa natural para os gregos. O que é uno é um si mesmo, e é isso porque é em relação a si mesmo. Assim, um contemporâneo de Leibniz, o pároco Oetinger, ainda que polemicamente contra Leibniz, defendeu o conceito de vida no seu significado central e sob a expressão *sensus communis* o designou como a distinção característica do vivente, ou seja, o fato de que ele é ele mesmo em todas as suas partes.

Isso se torna encoberto pelo discurso das partes da alma, o qual se conhece da tentativa grega de descrever a alma. Platão, certamente, com aquele discurso, designou as diferenciabilidades na "alma" e as chamou de "partes". Mas, com certeza, ele não tinha em vista, como teria um intérprete moderno, um computador moderno que executa funções mecanicamente. Aristóteles, com razão, advertiu de que o discurso das partes da alma não deveria ser tomado ao pé da letra. Na alma não há partes da maneira como há partes e membros do corpo. Pois o vivente, na verdade, como uma totalidade una, está sempre, totalmente, em suas diferentes possibilidades. Abandona-se totalmente à sua ira, torna-se totalmente abalado pelo medo, e isso não apenas com uma parte da alma.

São aquisições de conhecimentos sobre a constituição fundamental do vivente, as quais permanecem como básicas para o psicólogo e para o médico. Kant também desempenhou um papel importante ao mostrar em sua *Crítica da faculdade do juízo* que devemos pensar um vivente como um organismo uno e não como um trabalho conjunto de partes mecânicas cambiáveis.

Com isso, é inevitável reconhecer que o vivente sempre contém alguma coisa dessa capacidade para si mesmo. Kant mostrou, de maneira bela, que nenhum órgão do corpo humano é apenas um meio para um outro fim, mas sempre, ao mesmo tempo, também um fim. Assim, produz-se unidade

Vida e alma

153

de maneira diferenciada. Hegel, com seu arrojo especulativo, também procurou a partir daí a passagem da vida para a consciência e autoconsciência, considerando que a vida seria algo assim como o sangue geral. Isso não significa apenas a circulação sanguínea, através da qual os animais superiores se distinguem em sua unidade orgânica, mas sim a unidade da vida que tudo percorre. Com isso, sobressai-se o problema da alma, que é una, e o da consciência em sua unidade. Como diz Hegel: a consciência é o ser uno de simplicidade e infinidade. Entende-se, imediatamente, que a infinidade constitui a consciência. Pode-se, continuamente, pensar além sobre tudo, e também constitui a estrutura da autoconsciência precisamente o fato de ela trazer em si inscrito em sua reflexividade o ilimitado retorno do refletir. Isso constitui seu ser como reflexividade. Essa infinidade é, portanto, ao mesmo tempo sua unidade e simplicidade. O que está aí na consciência não é apenas como tudo que é perpassado pelo sangue geral, mas é unificado de tal forma que para mim é uno. Para isso, emprego o célebre termo de Hegel, o ser-para-si (*Für-Sich-Sein*). Ele significa que aquilo do qual estou consciente é como se fosse meu. É para mim. Eu sou aquele que o viu. Nisso reside um novo grande passo. Refiro-me ao passo em direção à linguagem, para a qual tudo é o "meu pensado". Daquilo que, em geral, posso me tornar consciente, aproprio-me no falar e no uso de palavras. Não cabe agora esclarecer como, a partir daqui, a transição hegeliana da consciência do eu, através do espírito objetivo, representa-se como espírito tornado objetivado e não apenas para ser reconhecida como generalidade pensada.

Há uma sentença profunda do médico grego Alcmeon: "Os homens têm de morrer, porque não são capazes de associar novamente o final ao começo". O que isso significa? Essa sua carência será a distinção dos seres humanos perante outros seres vivos? O ser humano se distingue, antes, não apenas em ser "a vida" que se autorreproduz, mas em qualquer pessoa ser um que, enquanto indivíduo, sabe que ele, enquanto esse uno, tem de morrer. Ele não é o sangue geral que se rarefaz nesta e naquela circulação do organismo para, então, voltar à circulação geral. Isso significa, basicamente, que somente o vivente constitui a espécie, e a sentença de Alcmeon compreende também, nitidamente, que o ser vivo não é, pois, somente espécie. Por isso, ele tem de morrer, e, por isso, ele gostaria de acreditar na imortalidade – ainda que ele tenha de duvidar da imortalidade, caso a crença na promessa de sua religião não lhe seja uma certeza. Vimos que também a sabedoria grega confirma essa sentença. De todo, é o cristianismo que, na mensagem da libertação da morte, pensa a morte de Jesus na cruz como um sofrimento substituto da morte. Através disso, o indivíduo, com a promessa da ressurreição, ganhou um significado tão grande para a sua vida como em nenhuma outra parte, e isso, no espaço da cultura cristã, e ainda além de todas as secularizações, conferiu ao viver e ao morrer uma enorme importância. Ocorre diferentemente com outras formas coletivas de vida fora do cristianismo, implicando, com certeza, problemas totalmente novos para a próxima ordem mundial, os quais se baseiam na diferença de valor da vida e da morte. Tudo isso são coisas que se relacionam o mais estreitamente com o tema "Vida e alma" e, em última análise, com a questão da imortalidade da alma e com o isolamento da singularidade subjetiva do morrer. Desse modo, carregou-se a alma de um distanciamento singular do corpo, que na intimidade da própria consciência não deixa lugar para "o pensamento do espírito comum". Percebe-se que a crença grega na alma, no geral, não está tão distante daquilo que o homem moderno experimenta em sua situação vital, e nota-se como a psicologia se estende ao domínio da filosofia.

Angústia e medos

A lógica interna da linguagem tem para cada um de nós uma certa evidência. Quando se consegue, de modo aproximado, realmente compreender a relação interna entre coisas tão diferentes como a angústia, os medos, o atemorizar-a-si-mesmo, o suportar o medo e a perda dele, aprende-se também algo sobre como o medo pode se tornar doença, como psicose ou seja como for que se o queira designar. Olhar para o rico espectro dos fenômenos permite ter uma ideia de coisas como contexto de sentido e lógica.

Para um filósofo, influenciado decisivamente pelo ponto de partida de Heidegger, resulta neste tema quase por si mesmo o fato de eu sublinhar com ênfase esse ponto de partida, o qual também foi adotado pela análise da existência na disciplina da psiquiatria. Naquele domínio, lê-se o *Ser e tempo* de Heidegger como uma obra fundamental antropológica – e, desse modo, contra a intenção da obra. É certo que o próprio Heidegger afirmou que *Ser e tempo* encerra um rico material de conhecimento antropológico. Mas não foi, absolutamente, sua intenção contribuir para a antropologia. Ele quis, antes, retomar, sob um novo e mais amplo horizonte, a questão que desde sempre a filosofia ocidental caracterizou como metafísica, a questão do ser. O papel desempenhado pelo fenômeno da angústia em *Ser e tempo* não pretende, pois, ser uma afirmação antropológica, a qual se preferiria fazer-se acompanhar de ânimos mais alegres. Não se trata, absolutamente, de o ser-aí de Heidegger ser visto de modo demasiado negativo, por ser dominado pela angústia. No estado de angústia do ser humano, torna-se, antes, visível de forma nova, a questão do sentido do ser e do nada. Esse é o ponto de partida filosófico que assegura ao tema angústia sua profundidade e sua extraordinária ressonância. Nesse ponto de vista, a angústia é a situação fundamental do ser-aí, como Heidegger a apresentou. Sobre o tema ocorreu-me um poema de um poeta barroco, Logau, que sabia disso:

> Tão logo uma nova criança
> sinta o primeiro ar,
> ela começa a chorar.
> O sol tem de lhe brilhar
> por quatro vezes o décimo dia,
> antes que ela possa rir.
> Ó mundo, nas tuas coisas
> chorar é mais que rir.

O poema é uma alusão aos fenômenos primordiais, dos quais a ação, realmente, trata, os quais caracterizam o ser humano. A angústia está em estreita relação com o aperto, com a repentina exposição à amplitude e ao estranho. Todos nós temos algo dessa experiência primordial em muitas palavras da nossa língua e a podemos escutar a partir daquelas palavras. Assim, parece-me que para nós, alemães, palavras como *ungeheuer* (enorme) e *unheimlich* (sinistro) indicam isso. *Geheuer* quer dizer "em casa" (*daheim*). A negação é *ungeheuer*, quer dizer, estranho e sinistro. Assim, dizemos: eu não estou me sentindo em casa (*geheuer*), e: isso não me parece familiar (*geheuer*). O *Un-geheure* é, completamente, uma afirmação afetiva para o inabrangivelmente grande e amplo, para o vazio, para a distância e o estranho que rouba o fôlego da pessoa para o superar as dificuldades da vida, o domiciliar-se neste mundo daqui. Com a palavra *Einhausen* (domiciliar-se) emprego uma expressão dileta de Hegel. Ele viu nela a constituição básica do ser humano, o fato de ele querer se sentir em casa junto a si, para viver livre de qualquer angústia, afastado de toda a ameaça, no confiado, no à mão e no compreendido.

Ao falarmos de angústia desse modo, não estamos a pensar nos fenômenos específicos da antropologia médica, mas numa constituição básica da vida, a de se arremessar do estreito ao vasto. Na história da filosofia, essa ideia está expressa em Schelling. No escrito *Da essência da liberdade huma-*

Angústia e medos

na consta: "A angústia da vida impele a criatura do seu centro". É como um guia, sim, como um comentário não intencional às nossas discussões. Aquela expressão corresponde à relação entre aquilo que Wolfgang Blankenburg caracterizou como o sentido existencial de angústia perante o sentido vital ou real de angústia. Tal relação traz em si a questão: por que, afinal, é alguma coisa em vez de ser nada? Nela também reside o que ocupa o psiquiatra: como a angústia da vida conduz aos medos. Nessa questão, é correto que a linguagem não pode confirmar o que levou Kierkegaard e Heidegger, perante todos os medos e fobias, a caracterizar a angústia que teme diante do "nada". Tal é dito apenas por aquele que questiona o nada assim como o ser. Mas também o diz aquele que se libertou da amarra sufocante da angústia. A angústia que se perde é como uma experiência do nada – e, assim, do ser. Heidegger descreveu de forma impressionante o que era aquilo, diante do qual, realmente, sentiu-se angústia: "Era nada". Pudesse-se ao menos designá-lo, já seria alguma coisa que, como a situação fundamental do ser humano, não mais nos assalta como o "aí" do ser-aí humano no mundo. Assim, relaciona-se à questão da filosofia o significado verdadeiro desse enigmático "aí", do qual falamos como um estar desperto ou estar consciente.

Que esse "aí" seja um enigma é algo simplesmente verdadeiro não somente para a filosofia, mas também para qualquer mente científica ou não. É a verdade que já Heráclito sentira, quando, em algumas frases memoráveis, falava que o ser humano acende para si mesmo uma luz na noite. A seguir, ele fala do dormir, no qual se roça a morte, e do despertar, no qual, repentinamente, se é arrancado do sono para o estar desperto, e que, além disso, o milagre da vida consciente está, determinantemente, ligado ao ter de aceitar a morte. Nós somos obrigados a aceitá-la. A morte é para o ser humano o evidente outro lado da vida. Já estamos, assim, próximos à experiência fundamental antropológica de que o pensamento do ser humano gostaria de pensar este mistério. Enquanto tal ela é familiar a todos nós. Quando Schelling afirma que a angústia da vida impele a criatura, fala, assim, cla-

158   O caráter oculto da saúde

ramente de "criatura", porque ele está se referindo a algo ainda mais primitivo do que "o saber acerca da morte". Esse mais primitivo é o que impele o ser humano a reprimir a morte. Isso tem algo a ver com a expressão böhmeniana *die Qual* (o sofrimento). Jacob Böhme interpreta a qualidade como sofrimento. A qualidade é, primeiramente, algo como um ser se diferencia de outro. O seu ser é o fato de ser o seu próprio sofrimento, manter-se a seu modo, dar forma a si mesmo e, assim, desenvolver a sua qualidade.

Essas observações sobre a angústia confirmam, pertinentemente, que o medo da morte, um fenômeno descritível para o psicólogo ou psiquiatra e também para todo o observador, é o aguçar-se de uma situação primitiva do ser humano. Já que ele tem de pensar, ele lida com a morte. Esse é um antiquíssimo saber da humanidade.

Refiro-me, especialmente, ao profundo drama de Ésquilo, *Prometeu acorrentado*. Lembro-me ainda: na minha infância ficava sobre o piano de cauda da casa dos meus pais uma pequena escultura, um Prometeu de bronze, cujo fígado era devorado por uma águia de prata. Trata-se da famosa história do torturantemente sofredor e acorrentado Prometeu. Ela é apresentada no drama de Ésquilo. O mito conta que Prometeu havia roubado o fogo do céu e, com isso, proporcionado ao ser humano a possibilidade da atividade com o fogo. Ésquilo apresenta Prometeu de tal forma que o roubo do fogo é citado apenas de passagem. Ele vangloria-se, como o verdadeiro benfeitor dos seres humanos, os desfavorecidos por Zeus, de lhes ter feito o maior benefício que podiam imaginar ao lhes ter retirado o conhecimento prévio do momento da sua morte. Afirma que essa teria sido sua verdadeira dádiva. Antes, os seres humanos viviam inativos, melancólicos, esperando o seu fim em cavernas, da mesma forma como os outros animais que vivem em cavernas. Mas depois que o conhecimento da hora de sua morte foi tomado, surgiu a esperança e, assim, começava o grande despertar dos homens para a transformação do mundo em um mundo habitável. Então, Prometeu, que se autovangloriava, descreve na tragédia de Ésquilo como ele, afinal, através do roubo do fogo, provocou

Angústia e medos

todo o grande ser-capaz-de-fazer humano e, sobretudo, a *sophia* do trabalho artesanal. Pressente-se, e isso é a profundidade da interpretação pelo poeta, que, na verdade, o que ocultou às pessoas seu momento da morte e as fez esquecê-lo nada mais foi do que esse ser-capaz-de-fazer, tal como o próprio mito do roubo do fogo se interpreta. Platão deu mais um passo interpretativo ao colocar na boca de Protágoras o despertar do espírito artístico pelo fogo; o próprio Platão caracterizou o número que está entre o indeterminado e o uno, e isso significa a dialética, quer dizer, a filosofia, como a grande dádiva nova.

Mas uma interpretação profunda já se encontra na de Ésquilo, com a qual ele carrega o antigo mito. Que pensamento admirável: o saber do momento da própria morte transforma a verdadeira distinção do ser humano, que se constitui no antever o futuro, exatamente em seu contrário, no apático voltar a viver nas cavernas. Mas, agora, trata-se de esquecer da morte, de modo que não se conta com ela. Ou até mesmo porque como com a morte não é possível um cálculo, o esquecer da morte nunca é esquecer e também nunca é uma superação da morte, mas sim vida. Assim, todo o espírito artístico do ser humano aflui a esse futuro incalculável, ou melhor, através de cada futuro calculável e não calculável, ele aflui à experiência da transcendência.

O que disso se revela é, na verdade, como a angústia da vida, o desprender humano do todo do resto da natureza, proporcionou ao homem no *logos*, como os gregos dizem, quer dizer, através da linguagem, o distanciamento, de modo que ele pode imaginar algo e deixar algo em suspenso. O fundamento antropológico da angústia revela, pois, a distinção do ser humano de ser distanciado de si mesmo. Heidegger viu aí, diferenciando da autenticidade do ser-aí humano no mundo que se prepara para a sua angústia, a não autenticidade do ser-aí, da qual a vida incessantemente se persuade. Mas ela também pertence à essência do ser humano.

O que disso imediatamente se torna evidente é a relação interna entre a angústia e os medos ou todas as fobias. A palavra grega *phobos* é, normalmente, traduzida por temor. Na realidade, ela se relaciona diretamente com susto. Pois a palavra grega significa, literalmente, arrepiar os cabelos. Ela é vista assim, diretamente de forma corporal-sensitiva. Mas, seja algo designado como fobia ou medo, o linguístico serve apenas como uma primeira direção para o diferenciar pensante. É necessário ir além, e, assim, Heidegger falou sobre a preocupação. Toda a preocupação o é com algo ou em torno de algo, assim também como toda angústia é angústia com algo ou em torno de algo. No entanto, exatamente a multiplicidade de medos remete à situação fundamental do homem, de ser totalmente desprendido do vínculo instintivo, através do qual os outros seres vivos de organização superior se diferenciam dos seres humanos.

Qual é o motivo de nos perguntarmos por que se observa um aumento de angústia no nosso mundo atual? Creio que o tipo de saber e certeza que forjamos com a ciência moderna, através de experimento e controle, aumentou a necessidade humana de segurança. Uma conhecida expressão, empregada pela sociologia para esse tipo de saber, foi introduzida por, creio eu, Max Scheler: "saber de dominação". Não é uma expressão ruim. Todos os médicos reconhecerão que a expressão "dominar algo" lhes é totalmente natural. Vocês também conhecem, certamente, os limites desse dominar-uma-coisa, os quais vocês, em sua atividade médica, têm de experimentar com resignação. Mas, de qualquer maneira, é evidente que o saber de dominação está o mais estreitamente relacionado com a exigência de segurança.

Tal foi a virada da era moderna que tem em Descartes sua primeira formulação clássica e é representada pelo conceito de método. Nós estamos seguros das coisas que sabemos. Quando, ocasionalmente, falo sobre isso com pesquisadores das ciências naturais, torna-se bem claro: para eles existem *facts*! Isso soa um pouco e é intimidador. Nós, os filósofos, questionamos, naturalmente, o que são fatos, e pensamos na estatística que, permanentemente, nos demonstra a ambiguidade dessa afirmação de fatos. Mesmo com todos os progressos atingidos, recentemente, no domínio dos fenôme-

Angústia e medos 161

nos neurológicos de angústia, permanece, sim, inegável que a angústia existencial pertence à vida e à essência do ser humano, como nós a conhecemos dos tempos primitivos, por exemplo, o medo quando há trovoadas (o qual esquecemos), e, hoje, o medo da civilização que paira "no ar" como algo atmosférico. Será que, na verdade, não se encontra novamente, por trás disso, aquela necessidade de segurança da vida? Pensemos apenas na área da política. Nela se atua como se pudesse desligar completamente a angústia em geral, o angustiar-se ou o ter-medo. Esse é um argumento empregado, conscientemente, em determinadas situações políticas de decisão. A intensificação da necessidade de segurança, naturalmente, não é tudo. No entanto, a pergunta fundamental que está por trás disso é, pois, quais são as respostas existentes para essa situação fundamental da angústia da vida. O ser humano constrói sua vida na preocupação: está sempre a se preocupar com muitas coisas, preocupado em arranjar coisas, vive preocupado – para domiciliar-se no mundo que forja para si, tal como já comentado por mim. Isso gera hoje seus problemas. O futuro parece excessivamente sem saída. Não há dúvida: por muitos milênios de história da humanidade as religiões foram formas de tal domiciliar-se. Elas ofereciam, por assim dizer, objetivações contra o medo existencial que coube a esse ser singular, desprendido da natureza, pensante e questionador. A atual angústia da civilização é, principalmente, uma expressão de que a ameaça, que, evidentemente, estabelece-se com a própria vida e encontra sua manifestação plástica em todo o grito de nascimento, o qual foi descrito por Logau, torna-se em nossa civilização como uma ameaça sem nome e, assim, sempre incompreensível, a qual a vida se vê exposta. Nós não sabemos mais, por assim dizer, o que é, realmente, isso que tanto domina toda a nossa ordem do ser-aí, e ainda sem a nossa intervenção. O meu antecessor em Heidelberg, Karl Jaspers, chamou nossa época de era da responsabilidade anônima. De fato, já não se pode denominar quem é o responsável e perante quem se é responsável. Nenhum de nós o é. Nesse atual aparato perpassado pela organização e complicado do ser-aí ninguém,

162   O caráter oculto da saúde

com um saber dominante, é capaz de se pronunciar sobre os problemas de nossa civilização que nos preocupam e nos angustiam.

A isso se agrega um outro ponto. Não se trata apenas de o desenlace da religião pela ciência abrir um vácuo. Percebe-se isso, claramente, nas pequenas tentativas utópicas de uma assim chamada politização científica da ordem social, cuja derrocada estamos a viver. Mas este é o terceiro fenômeno que, nesse contexto, já desempenha um papel importante na nossa discussão: até que ponto, afinal, a vida do ser humano suporta a verdade? Essa é uma questão formulada por Nietzsche e também um dos grandes desafios que ele, em crescente intensidade, dirige à nossa época. Nietzsche, desesperançado da capacidade do Iluminismo moderno de sua época de responder às questões vitais do ser humano, formulou o provocante princípio do "eterno retorno do mesmo". Ele foi um grande moralista e queria, assim, expressar como devemos aprender a não sucumbir perante o desespero mais extremo. A nossa verdadeira moral seria a que exige de nós o sobre-humano: "Ensino-vos como ser o além-do-homem"[48].

As minhas exposições e reflexões são tentativas de lembrar a relação entre a angústia fundamental como situação fundamental e os medos que, em todas as suas formas de manifestação, constituem a vida. Isso deve nos permitir colocar a seguinte questão: o que significa doença em relação à angústia? Afirmou-se, com razão, que a angústia ainda não é uma doença. Pode haver psicoses, a própria psicose da angústia, nas quais esta, aparentemente, torna-se doença ou, ao menos, apresenta-se como doença. Qual é aqui a relação? É claro que falo como leigo. Faz parte dos privilégios ou da sorte na minha vida o fato de eu sempre ter me relacionado com médicos, na verdade, apenas como amigo e muito raramente como paciente. Ao nos perguntarmos qual é a real di-

---

48. Em consonância com Rubens Rodrigo Torres Filho, em seus esclarecimentos e traduções de algumas obras de Nietzsche, prefiro este termo a "super-homem" para transpor o significado de *Übermensch* [N.T.].

Angústia e medos

ferença entre doença e saúde, vemos, assim, que a doença não pode ser determinada por todos os sintomas, a partir dos quais os valores padrões de alguma medição de média afirmem o que seja saudável. As condições marginais não mensuráveis são tão inúmeras que as mensuráveis acabam por perder sua força. São margens completamente emaranhadas o que os valores padrões expressam do indivíduo. Contudo, se partirmos do pressuposto de que a diferença entre saúde e doença não é assim tão evidente, lembraremos que o clínico, creio que até hoje – ao menos foi o que observei muito frequentemente nas poucas vezes em que precisei de um médico como médico –, pergunta se estamos nos sentindo doentes. Esse questionamento é uma indicação de que o organismo possui um tipo de consciência que fornece uma resposta sobre o estado geral do organismo, a qual nos protege de ficarmos doentes através de imposições de valores padrões.

E como isso se parece ao psiquiatra? Trata-se de uma típica pergunta clínica. Boa parte das doenças depressivas baseia-se, pois, em exatamente aquele sentimento de a doença não estar presente ou, ao menos, ser negado com rigidez. Um dos grandes problemas da psicanálise é também que apenas quando, por fim, aquela consciência da doença está presente, pode ser dado o passo decisivo de se dirigir a um analista. Um analista, que eu saiba, não aceitará como paciente alguém que foi obrigado a se internar para uma análise. Mas o que ocorre por primeiro é, por assim dizer, em consequência de seu próprio sofrimento e aflição, se dirigir ao médico ou ao analista. Pergunta-se, pois, o que é "propriamente" a doença, na continuidade entre a múltipla mobilidade de nossas preocupações vitais e o cair fora do ciclo do preocupar-se e ocupar-se.

Comparo isso com o fenômeno do equilíbrio. Todos sabem – eu, ao menos, não o esqueci da minha infância – como foi aprender a andar de bicicleta, aquela experiência surpreendente de que tudo, tão logo se aprenda, é muito, mas muito mais fácil do que no momento que acabou de passar, quando ainda se estava segurando o guidom com toda a força. De repente, o equilíbrio está aí, e, então, tudo se dá por si – do mesmo modo que, mais tarde, vê-se os jovens andarem de bicicleta velozmente com os braços cruzados. Essa imagem serve para ilustrar que, evidentemente, a escala móvel de esforço e alívio pertence ao estado normal do ser humano e que, por isso, os valores médios utilizados na medicina, creio eu, possuem um lado muito perigoso na práxis médica. De qualquer forma, fica claro que há aqui uma grande escala de variabilidade. A reflexão fundamental é: o que é essa escala de variações e o que é nela contínuo e ruptura? Aí reside aquela incrível flexibilidade presente em toda nossa atividade e sofrimento – e por que, então, o sucumbir? Eu diria que nesse aspecto praticamente não é fornecida uma dimensão objetivável da questão e do pesquisar. É uma diferença pragmática entre doença e saúde, para cuja reflexão ninguém está convidado, exceto aquele que se encontra na situação do sentir-se-doente ou que não consegue mais lidar com as ocupações de sua vida e, por isso, acaba por recorrer ao médico. Assim, parece-me, no final, que devemos reconhecer e aceitar a situação original da angústia da vida – e da morte – como a honra ontológica do ser humano, conforme designado por Guardini. A vida que desperta para o pensar e o questionar pensa e questiona além de todos os limites. Conhecer a angústia e não poder compreender a morte – esse é o grito de nascimento do ser humano que nunca silencia.

Hermenêutica e psiquiatria

A psiquiatria sempre ocupou uma posição especial no conjunto da ciência médica e da arte médica de curar – assim como a medicina no conjunto das outras ciências. Como arte de curar, ela sempre se encontra apenas no limite da ciência e vive de sua indissolúvel relação com a "práxis". Mas "práxis" não é simplesmente uma aplicação da ciência. Muito mais do que isso, sempre há uma atuação a partir da práxis sobre a pesquisa, cujos resultados, frequentemente, afirmam-se e são testados na práxis. Assim, é bem justificado que o médico não entenda sua profissão como pesquisador ou cientista, mas também não como um simples técnico que aplica a ciência e seus conhecimentos ao "tornar saudável". Trata-se aqui de um momento da aproximação da arte, o qual não pertence ao que se pode transmitir por ensinamentos teóricos, mas que corresponde à denominação "arte de curar".

A práxis é mais que apenas aplicação do saber. Ela significa o ciclo vital completo da profissão médica e não apenas um simples lugar de trabalho no conjunto do mundo do trabalho; ela possui seu próprio mundo. Acontece algo semelhante com a jurisprudência, que sempre esteve consciente de sua posição especial. Mesmo na era da ciência ela sempre relutou em aceitar o título de ciência do direito e se separar da própria caracterização de ser *prudentia*, racionalidade jurídica e arte do direito. Aqui também a práxis é inseparável da ciência. Aqui também há a construção de uma clientela e a resistência do "povo" aos seus "rabulistas" – assim como também a arte de curar sempre precisou de uma apologia.

No entanto, a relação entre o médico e o paciente é um outro tipo de relação vital. Precisamente na era da ciência, que é a nossa, esse outro lado da profissão médica sempre propi-

166 O caráter oculto da saúde

ciou novas reflexões. Os espantosos meios técnicos da medicina moderna sempre voltam a seduzir, sobretudo os pacientes, a ver no médico, ao qual recorreram, apenas um lado de sua atividade e a admirá-lo pela sua competência científica. A própria situação crítica do paciente o coage a considerar os meios mágicos da moderna técnica médica como tudo o que resta e, com isso, a esquecer que a sua aplicação é uma ação que requer muitas exigências e responsabilidades e possui as mais amplas dimensões humanas e sociais.

Se, de modo geral, pode-se somente com relutância classificar o médico como um cientista, para o psiquiatra essa dificuldade atinge medida especial. Sua ciência e sua práxis movimentam-se por toda a tênue fronteira entre as áreas de conhecimento das ciências naturais e a sua penetração racional do acontecimento natural, e ele ainda se vê confrontado com enigmas mental-espirituais. Pois o ser humano não é apenas um ser natural, mas também algo misteriosamente estranho a si mesmo e ao outro, como pessoa, enquanto semelhante, na família e no trabalho, com inúmeras e imponderáveis influências e efeitos, fardos e problemas. O imprevisível sempre volta a atuar. Nesse aspecto, há ainda incompreensibilidades completamente diferentes das leis pesquisadas dos acontecimentos naturais; tais obscuridades são cada vez mais elucidadas por pesquisas altamente avançadas.

Pois bem, a arte da compreensão lida com o incompreensível e com a compreensão da imprevisibilidade orçamentária da vida mental-espiritual. Essa arte chama-se hermenêutica. Em séculos anteriores, podia-se empregar essa palavra greco-erudita precisamente para o conhecimento humano, quando se começara a se tornar consciente dos limites da nova ciência dos séculos XVII e XVIII e quando na época de Goethe e do Romantismo se reconheceu o profundo enigma que qualquer ser humano é para si mesmo e para o outro.

A arte da compreensão, agora, certamente desempenha um papel importante em muitas áreas do saber. Já se discutiu a sua importância para a assistência espiritual, para a interpretação da Bíblia, para a jurisprudência e sua interpreta-

Hermenêutica e psiquiatria

ção de leis. Ela é importante sempre quando a simples aplicação de regras não basta, e isso é válido para toda a esfera da vida de experiência do convívio humano. Assim, pode ocorrer que se seja incompreensível para si mesmo e não se possa entender a si mesmo nem o outro. Nessa medida, não é uma surpresa que também a filosofia, na era da ciência, comece a reconhecer e avaliar os limites da execução de regras e da capacidade de fazer possibilitada pela ciência.

Se o nosso século deu um passo realmente novo no pensamento filosófico, trata-se, pois, da consciência de que não apenas a razão e o pensamento racional estão no centro da filosofia, mas também a linguagem, na qual tudo isso se expressa. De modo que, na era da ciência, não deve surpreender que, normalmente, e isso já há mais de século, não se tenha outra coisa como objetivo além de também a linguagem ter de ser pensada em termos de domínio e aproveitamento. Isso significa que a linguagem como mundo dos signos se tornou um tema. Serviu de modelo para isso a linguagem simbólica desenvolvida pela matemática e seu êxito científico. Assim, ocorreu que a filosofia conduziu um ideal de uma linguagem artificial inequívoca que, através de uma designação inequívoca do pensado, devesse superar todos os *idola fori*. Isso era imaginado desde o século XVIII (Leibniz) como um último objetivo, de que através do desenvolvimento da lógica matemática se pudesse aproximar do ideal de uma designação inequívoca. Somente assim, a filosofia se tornaria uma verdadeira ciência. Mas, desde então, o que vem se impondo é, ao contrário, a produtiva multiplicidade da linguagem natural e sua inserção na ação humana. Mesmo o ideal de construção de uma gramática generativa assimilou o princípio da geração. Trata-se de realizações fascinantes da sagacidade e da lógica. É claro que elas se limitam ao mundo da forma e à funcionalidade da linguagem, e a linguagem não produz a partir do reino dos conteúdos que é transmitido nela. Assim, na chamada filosofia analítica as dimensões da linguisticidade são percorridas somente com uma determinada restrição. A coisa é semelhante aos interessantíssimos conhecimentos obtidos por Lévi-Strauss e os estruturalistas sobre uma gramática implícita na fantasia formadora de mitos. Esses conhecimentos também são fascinantes esclarecimentos que nos foram dados, mas que não conseguem substituir o encanto sapiente do mundo dos mitos. Assim, também a linguagem natural nos coloca ainda à disposição outros sinais e segredos, para além do milagre da comunicação linguística, a qual também poderia ser e é obtida através de um código artificial. É ainda um outro tipo de coletividade, à qual a linguagem, enquanto língua materna no exercício de nosso pensamento e no emprego de nossa razão, liga-nos. Não é apenas uma dádiva da natureza o que, como a capacidade de falar, permite as possibilidades de entendimento, por exemplo, através de sistemas artificiais de signos. Em razão da linguagem, a sociedade humana possui uma extensão e modo de ser totalmente diferentes perante outras sociedades animais: "já que somos um diálogo e podemos escutar um do outro". Toda a remodelação de nosso mundo vital através de uma ordem de costumes, formação religiosa e cultural de tradição, tudo isso remete a este último milagre que não se constitui apenas da sinalização que regula um tipo de comportamento, mas da construção de uma própria comunidade linguística e seu mundo em comum. A arte de podermos ouvir-nos uns aos outros e a força de poder escutar o outro, isso é o novo, e nisso consiste o universal de toda a hermenêutica, que envolve e suporta nosso pensamento e nossa razão. Assim, a hermenêutica não é apenas uma disciplina auxiliar que representa para muitas disciplinas uma importante ferramenta metodológica adicional. Ela mesma se estende ao âmago da filosofia, a qual não é apenas pensamento lógico e pesquisa metódica, mas também obedece sempre à lógica do diálogo. O pensamento é o diálogo da mente consigo mesma. Foi dessa maneira que Platão designou o pensar, e isso significa ao mesmo tempo: pensar é um escutar respostas que fornecemos a nós mesmos ou que nos são fornecidas, quando questionamos sobre o incompreensível. Compreender o incompreensível, e compreender especialmente aquilo que quer ser compreendido, envolve o todo de nossa capacidade de reflexão que, nas religiões, na arte dos povos e nos refletores

Hermenêutica e psiquiatria

de nossa tradição histórica, sempre coloca à disposição novas respostas e, com cada resposta, provoca novas questões. Isso é hermenêutica enquanto filosofia.

Ao vermos a tarefa da hermenêutica em tal medida, torna-se, imediatamente, evidente a sua proximidade da psiquiatria. Se filosofia é isto, querer entender o incompreensível e absorver as grandes questões da humanidade, às quais as religiões, o mundo mítico, a poesia, a arte e a cultura em geral oferecem suas respostas, então ela abrange os segredos do começo e do fim, do ser e do nada, do nascimento e da morte e, sobretudo, do bem e do mal, questões enigmáticas, às quais parece não haver respostas do saber. O psiquiatra logo reconhecerá a proximidade de tais incompreensibilidades, que lhe veem ao encontro nos adoecimentos psíquicos e mentais, com os quais ele lida. Assim, ele conhece, por exemplo, a insensatez religiosa e sua violência mortal e, muitas vezes, suicida, que impele um indivíduo ou grupos e seitas inteiras à morte. Ele conhece a loucura passional que pode levar à ruína. Enquanto pessoas cientificamente esclarecidas os psiquiatras conhecem bem todas essas obsessões. Mas, sejam demônios que ameaçam alguém e que devam ser exorcizados, ou inspirações divinas ou ideias dementes, como as que perseguiam, por exemplo, o furioso Ajax ou Orestes nos palcos gregos – "Eu sou da linhagem de Tântalo", isso também é entendido pelo moderno homem esclarecido. Quando se trata de conhecimento sobre o místico ou quando ele é plasticamente encontrado na arte da poesia ou da mimese trágica, o médico especialista naqueles acometimentos nem sempre saberá traduzir para si tais testemunhos de arte e talvez reaja como no caso clássico que ocorreu na estreia de *Antes do nascer do sol* de Gerhart Hauptmann, quando, no fundo, num clima de dor, dominavam a cena dramática um longo e demorado parto e suas dores, até que um médico, que era um dos espectadores, atira, indignado, um fórceps ao palco. Isso aconteceu no final do século passado.

Seja no palco ou na experiência da vida profissional, o psiquiatra se depara com tal incompreensibilidade e estranheza, que significa para ele loucura enquanto doença psíqui-

170   O caráter oculto da saúde

ca e mental. Mas, diferentemente de outras diagnoses médicas, a categoria de doença, a qual emprego de modo completamente natural, já não é para o psiquiatra uma realidade inequívoca no mesmo sentido. Quando o paciente lhe recorre, o médico, normalmente, faz a diagnose, porque algo "falta"[49] ao paciente. Este define saúde e doença tão somente em torno do fato de lhe faltar algo, mesmo que se verifique que não lhe falta absolutamente nada. É essa, em geral, a compreensão da doença – ainda que possa estar errada – que primeiro leva alguém a procurar um médico. Já o psiquiatra lida, sobretudo, com o fato de que, em relação ao paciente, a própria compreensão da doença é doente – ou mesmo o médico talvez lide com um doente que imagina para si estar doente ou com um simulador que procura, a partir de si mesmo, escapar a toda compreensão. Assim, a tarefa hermenêutica do psiquiatra se distancia amplamente daquilo que envolve qualquer outro tratamento médico de uma doença, inclusive uma sempre breve parceria humana. Isso parece aqui impedido. Mesmo as questões-limite psicossomáticas, em casos de doença, encontram resistência por parte do paciente, com a qual seu inconsciente procura se proteger. Também aqui se revela ao psiquiatra a bem conhecida problemática especial hermenêutica de sua profissão, de ter de se fazer entender, mesmo quando o paciente se esquive. Ela também se confirma em razão de o diálogo terapêutico psicanalítico exigir uma condição imprescindível, a saber, que o paciente, a partir da própria compreensão da doença, procure o analista para ser tratado.

Nas últimas décadas, do ponto de vista sociopolítico, os conceitos de doença mental e anomalia psíquica voltaram a se tornar um problema, sobretudo a partir de Foucault. Decerto, não se pode negar que uma consciência social normativa e o respectivo comportamento da sociedade como um todo sempre influem na definição desse tipo de conceito de doença e o tornam problemático. Nós das ciências huma-

---

49. Sobre essa opção de tradução já foi comentado em notas anteriores.

Hermenêutica e psiquiatria

nas e filósofos conhecemos esse problema, sobretudo sob a conhecida expressão "gênio e loucura". Precisamente entre os artistas e pessoas com tendência artística que sempre viveram à margem da sociedade se encontra uma anomalia que faz da demarcação de limites um problema. Assim, em alguns casos-limite, é muito discutível falar de demência – talvez não tanto da parte do médico, mas antes do ponto de vista da vida cultural. Na Alemanha, temos, por exemplo, o caso do poeta Friedrich Hölderlin. A partir da fase de seu fim sombrio, uma grande parte de sua obra poética pareceu a seus contemporâneos tão incompreensível e estranha que mesmo seus amigos excluíram da edição póstuma muitas das suas poesias mais significativas. De modo que uma parte importante da obra de Hölderlin, pertencente à fase final de sua vida anterior ao completo obscurecimento de seu espírito, foi redescoberta somente neste século. Como se fosse um verdadeiro contemporâneo, ele inspirou a poesia de nosso século. Mesmo os poemas dos seus últimos anos, que, sem dúvida, provêm do período de sua plena enfermidade mental, voltaram a ser marcantes de lá para cá. A alternativa discutida pela nova pesquisa do caso Hölderlin, se sua enfermidade mental era verdadeira ou simulada, é considerada aqui como uma questão malcolocada. Pode suceder também um tipo de passagem do simulado para o autêntico, como no caso de Henrique IV de Pirandello. Mas também não é muito diferente o caso de Friedrich Nietzsche. É certo que, nesse caso, a própria doença não é a controvérsia, mas apenas seu ponto de origem e, assim, também as suas causas. No entanto, a separação entre loucura e sensatez nos últimos escritos de Nietzsche sempre volta a ser, ainda mais, um caso-limite bem complexo que demanda novas respostas. Podemos afirmar que ainda é compreensível ou já passa a ser incompreensível quando Nietzsche assina como "Dioniso ou O Crucificado"? O conceito de compreensibilidade revela-se como extremamente vago. Também no caso da psicanálise, quando ela recolhe fragmentos do mundo dos sonhos e os transforma em testemunhos de sentido, o conceito de incompreensibilidade começa a desaparecer. O psiquiatra, a partir de sua atividade como parecerista e uma práxis quase diária, conhece a dificuldade de tal demarcação de limites, e nos processos judiciais ela ainda ganha um peso que pressiona a consciência, quando se trata de imputabilidade e punibilidade. Da mesma forma, a disseminação de doenças derivadas do uso de drogas e a disseminação das toxicodependências nos últimos tempos deveriam ter nos alertado ainda mais, de tal modo que as transições de fanatismo religioso, paixão amorosa, ciúme, ódio e amizade até os limites da inimputabilidade se tornaram um problema quase insolúvel.

Mas o psiquiatra de nossos dias, que dispõe de refinado instrumentário de medição e de acesso a dados, é dominado por sólidas objetivações bem diferentes, tanto para o exame da doença como para encontrar os meios adequados ao seu tratamento. Dessa perspectiva, os casos-limite poderiam parecer quase como simples acontecimentos marginais. No entanto, a sinistra escuridão presente na enfermidade mental não perde, absolutamente, sua incompreensibilidade, ainda que estejam à disposição do médico possibilidades de domínio da doença através de, por exemplo, psicofármacos. A parceria entre médico e paciente permanece, também em muitos de tais casos, separada por um abismo intransponível. Parece não haver hermenêutica que possa auxiliar a sua respectiva superação – e, contudo, a parceria entre o paciente e o médico, mesmo nos casos mais difíceis, tem de exigir do médico – e, quem sabe, talvez também em benefício dos doentes? – seus direitos.

Albert Camus contou certa vez a seguinte história: Em uma clínica psiquiátrica, um médico, ao passar, vê um dos seus pacientes pescando com um anzol numa banheira. Lembrando-se da irrevogável parceria entre ser humano e ser humano, o médico pergunta ao paciente ao passar por ele: "Então, já fisgou algum?" O paciente responde: "Idiota. Você não consegue ver que isso é uma banheira?" Como as linhas se entrelaçam. Em meio a mais completa loucura a plena lucidez. Que insuperável distância na bondosa condescendência que reside na intenção da piada! E que tamanha queda! Quem é aqui o idiota? Nós sempre o somos um pouco, quando o outro não

Hermenêutica e psiquiatria

entende uma piada ou toma ao pé da letra algo que foi dito com ironia. E, no entanto, como o médico não deveria tentar aqui se concatenar com os fragmentos de sentido que detecta no comportamento do paciente. Ele tem, pois, a capacidade de entender o ardor pela pesca e sua respectiva fascinação e procurará compartilhar um pouco da violência insana que nela prevalece ao menos através de uma piada para, assim, no mínimo, compartilhar algo. A resposta do paciente é cruel. Nele o poder de sua loucura já está tão enraizado que ele torna a tomar o médico por ignorante, como sempre acontece, porque ele não compartilha e nem acredita nas suas próprias ideias insanas. A história reflete brilhantemente como é perigoso participar do sentido de uma pessoa mentalmente perturbada e o permanente risco do embaraçamento. Abre-se a plena enormidade do abismo que separa alguém do doente. Para o perturbado a superioridade do médico nada mais é do que ignorância. A resistência do paciente que defende sua ideia fixa transforma o sábio em ignorante.

Na verdade, isso não deve surpreender. Conceitos tão inflexíveis como o de incompreensibilidade, ainda mais quando se trata de um termo em relação ao qual toda a vontade de entender necessariamente fracassa, são quase inapropriados na esfera da vida humana. Também os conceitos de saúde e doença descrevem fenômenos vitais, aspectos da vitalidade flutuante que acompanha os altos e baixos do nosso sentimento de vida. Considerar tais aspectos exige do médico, tanto na diagnose como no tratamento, algo mais do que conhecimento científico e técnico e experiência profissional. O médico certamente se servirá de toda a instrumentação da medicina atual e da clínica, a fim de, na sua diagnose, poder partir de resultados objetivos de medição e de teste. Ele também estará disposto a, com liberalidade, tomar como base os valores normativos e padrões da avaliação dos resultados, porque ele sabe que determinados desvios podem ser temporários ou insignificantes para o conjunto da situação. Assim, quando o problema não for muito incomum, a diagnose será incontestável. Mas isso não é tudo.

Eu conheci um famoso patologista que me disse um dia: "quando estou doente, procuro um clínico, meu colega (que também era um homem famoso), e escuto o que ele diz sobre o meu problema – e então procuro um médico que possa me tratar". É claro que o próprio tratamento tem suas regras e receitas. Mas no tratamento com um bom médico acrescem-se os mais diversos fatores que o transformam em uma parceria, em última análise, individual entre médico e paciente. No final feliz há a alta do paciente e seu reingresso no círculo normal de sua vida. Quando se trata de uma doença crônica ou mesmo de casos sem esperança de recuperação, sempre importará, então, aliviar os sofrimentos. Com isso, a participação desses fatores não objetiváveis se torna ainda mais significativa. Problemas terríveis pesam sobre o médico, especialmente no assim chamado acompanhamento do agonizante. Até que ponto o médico pode aliviar o sofrimento, se ao retirar a dor também retira a personalidade, sua vida livremente responsável e sua morte?

A reflexão sobre o papel da hermenêutica no interior da psiquiatria torna a nos conduzir além dos limites dessa grande disciplina. Também do ponto de vista do médico não se pode negar a unidade psicofísica do ser humano. É de fato um erro uma junta de psiquiatras se tornar consciente da universalidade da hermenêutica? Ela então se conscientizará que sua ciência não é uma ampla especialidade da ciência e da arte médica, cuja crescente potência admiramos. E reconhecerá, então, que o limite da disciplina, que parece residir na própria especialização, não existe. "A alma" não é uma parte, mas o todo do corpóreo ser-aí humano no mundo mais uma vez. Aristóteles sabia-o. A alma é a vitalidade do corpo.

Referências dos capítulos

TEORIA, TÉCNICA, PRÁTICA
In: *Neue Antropologie*, Bd. I, Stuttgart/NovaYork 1972, p. 9-37.

APOLOGIA DA ARTE DE CURAR
In: *Festschrift für Paul Vogler*, Leipzig 1965, e in: *Kleine Schriften* I, p. 211-219.

SOBRE O PROBLEMA DA INTELIGÊNCIA
Philosophische Bemerkungen zum Problem der Intelligenz. In: *Der Nervenarzt*, 7, Heidelberg 1964, p. 281-286 (Palestra conferida no Congresso da Associação Nacional dos Neurologistas Alemães em Wiesbaden em setembro de 1963).

A EXPERIÊNCIA DA MORTE
In: *Obras completas* 4, p. 288-294 (Palestra para o Heidelberger Studio do Süddeutsche Rundfunk em 10 de outubro de 1983).

EXPERIÊNCIA CORPORAL E OBJETIVABILIDADE
In: *Festschrift aus Anla der Verleihung des Dr. Margit Egnér-Preises 1986.* Fundação Dr. Margit Egnér 1986, p. 33-43.

ENTRE NATUREZA E ARTE
In: *Viktor von Weizsäcker zum 100. Geburtstag (Schriften zur antropologischen und interdisziplinären forschung in der Medizin. Bd. I).* Organizado por Peter Hahn und Wolfgang Jacob. Berlin/Heidelberg 1987, p. 45-50.

FILOSOFIA E MEDICINA PRÁTICA
In: *Das Philosophische und die praktische Medizin (Brücken von der Allgemeinmedizin zur Psychosomatik,*

Bd. 4). Organizado por Helmut A. Zappe e Hansjakob Mattern. Berlim/Heidelberg 1990, p. 37-44.

SOBRE O CARÁTER OCULTO DA SAÚDE
In: *Erfahrungsheilkunde, Acta medica empírica: Zeitschrift für die ärztliche Praxis*, Bd. 40, n. 11, 1991, p. 804-808.

AUTORIDADE E LIBERDADE CRÍTICA
Über den Zusammenhang von Autorität und kritischer Freiheit. In: *Schweizer Archiv für Neurologie, Neurochirurgie und Psychiatrie*, Bd. 133, H.I, Zurique 1983, p. 11-16.

TRATAMENTO E DIÁLOGO
Não publicado. Palestra conferida em um congresso sobre a obra do neurologista e psiquiatra Alfred Prinz Auersperg, setembro de 1989 em Oettingen.

VIDA E ALMA
Não publicado. Palestra proferida na Universidade de Zurique, semestre de verão de 1986.

ANGÚSTIA E MEDOS
Não publicado. Palestras conferidas no Colóquio de Heidelberg sobre o problema da angústia, sob a coordenação de Hermann Lang, 1990.

HERMENÊUTICA E PSIQUIATRIA
Não publicado. Apresentado em versão inglesa no Congresso de Psiquiatria em San Francisco, 1989.

Coleção Textos Filosóficos

- *O ser e o nada*
  Jean-Paul Sartre
- *Sobre a potencialidade da alma*
  Santo Agostinho
- *No fundo das aparências*
  Michel Maffesoli
- *O ente e a essência*
  Santo Tomás de Aquino
- *Immanuel Kant – Textos seletos*
  Immanuel Kant
- *Seis estudos sobre "Ser e tempo"*
  Ernildo Stein
- *Humanismo do outro homem*
  Emmanuel Lévinas
- *Que é isto – A filosofia? – Identidade e diferença*
  Martin Heidegger
- *A essência do cristianismo*
  Ludwig Feuerbach
- *Metafísica de Aristóteles θ1-3*
  Martin Heidegger
- *Oposicionalidade*
  Günter Figal
- *Assim falava Zaratustra*
  Friedrich Nietzsche
- *Aurora*
  Friedrich Nietzsche
- *Migalhas filosóficas ou um bocadinho de filosofia de João Clímacus*
  Søren Aabye Kierkegaard
- *Sobre a reprodução*
  Louis Althusser
- *Discurso sobre o método*
  René Descartes
- *Hermenêutica e ideologias*
  Paul Ricoeur
- *Outramente*
  Paul Ricoeur
- *Marcas do caminho*
  Martin Heidegger
- *Lições sobre ética*
  Ernst Tugendhat
- *Além do bem e do mal*
  Friedrich Nietzsche
- *Hermenêutica em retrospectiva – Volume único*
  Hans-Georg Gadamer
- *Preleções sobre a essência da religião*
  Ludwig Feuerbach
- *História da filosofia de Tomás de Aquino a Kant*
  Martin Heidegger
- *A genealogia da moral*
  Friedrich Nietzsche
- *Meditação*
  Martin Heidegger
- *O existencialismo é um humanismo*
  Jean-Paul Sartre
- *Matéria, espírito e criação*
  Hans Jonas
- *Vontade de potência*
  Friedrich Nietzsche
- *Escritos políticos de Santo Tomás de Aquino*
  Santo Tomás de Aquino
- *Interpretações fenomenológicas sobre Aristóteles*
  Martin Heidegger
- *Hegel – Husserl – Heidegger*
  Hans-Georg Gadamer
- *Os problemas fundamentais da fenomenologia*
  Martin Heidegger
- *Ontologia (Hermenêutica da faticidade)*
  Martin Heidegger
- *A transcendência do ego*
  Jean-Paul Sartre
- *Sobre a vida feliz*
  Santo Agostinho
- *Contra os acadêmicos*
  Santo Agostinho
- *Crepúsculo dos ídolos ou Como se filosofa com o martelo*
  Friedrich Nietzsche
- *Nietzsche – Seminários de 1937 e 1944*
  Martin Heidegger
- *A essência da filosofia*
  Wilhelm Dilthey
- *Que é a literatura?*
  Jean-Paul Sartre
- *Sobre a essência da linguagem*
  Martin Heidegger
- *Adeus à verdade*
  Gianni Vattimo
- *O sujeito e a máscara – Nietzsche e o problema da libertação*
  Gianni Vattimo
- *Da realidade – Finalidades da filosofia*
  Gianni Vattimo
- *O imaginário – Psicologia fenomenológica da imaginação*
  Jean-Paul Sartre
- *A ideia da fenomenologia – Cinco lições*
  Edmund Husserl
- *O anticristo – Maldição ao cristianismo*
  Friedrich Nietzsche

LEIA TAMBÉM:

Coleção Chaves de Leitura

Coordenador: Robinson dos Santos

A Coleção se propõe a oferecer "chaves de leitura" às principais obras filosóficas de todos os tempos, da Antiguidade Grega à Era Moderna e aos contemporâneos. Ela se distingue do padrão de outras introduções por ter em perspectiva a exposição clara e sucinta das ideias-chave, dos principais temas presentes na obra e dos argumentos desenvolvidos pelo autor. Ao mesmo tempo, não abre mão do contexto histórico e da herança filosófica que lhe é pertinente. As obras da Coleção Chaves de Leitura não pressupõem um conhecimento filosófico prévio, atendendo, dessa forma, perfeitamente ao estudante de graduação e ao leitor interessado em conhecer e estudar os grandes clássicos da Filosofia.

Coleção Chaves de Leitura:

- *Fundamentação da metafísica dos costumes – Uma chave de leitura*
  Sally Sedgwick
- *Fenomenologia do espírito – Uma chave de leitura*
  Ralf Ludwig
- *O príncipe – Uma chave de leitura*
  Miguel Vatter
- *Assim falava Zaratustra – Uma chave de leitura*
  Rüdiger Schmidt e Cord Spreckelsen
- *A república – Uma chave de leitura*
  Nickolas Pappas
- *Ser e tempo – Uma chave de leitura*
  Paul Gorner

Hiperculturalidade
Cultura e globalização
Byung-Chul Han

Uma vez, o etnólogo inglês Nigel Barley levantou a suspeita de que a "verdadeira chave do futuro" reside em que "conceitos fundamentais como cultura deixariam de existir". Seríamos, segundo Barley, "todos nós mais ou menos como turistas de camisa havaiana". É "turista" o nome para ser humano após o fim da cultura? Ou vivemos ainda em uma cultura que nos dá a liberdade de nos lançarmos como enxame na vastidão do mundo na condição de alegres turistas? Como, afinal, descrever essa nova cultura?

A globalização é um processo complexo. Não faz desaparecer simplesmente a diversidade de signos, representações, figuras, temperos e cheiros. A produção da unidade ou da monotonia do igual não é algo característico nem da natureza nem da cultura. À economia da evolução, que opera, vale dizer, também na cultura, pertence, ao contrário, a geração da diferença. A globalização segue um caminho dialetal, fazendo surgir dialetos. É problemática a ideia de uma diversidade cultural orientada pela proteção de espécies que só poderia ser alcançada por cercados artificiais. Seria infrutífera a pluralidade museológica ou etnográfica. À vivacidade de um processo de troca cultural pertence a proliferação, mas também o desaparecimento de determinadas formas de vida.

Byung-Chul Han nasceu na Coreia, mas fixou-se na Alemanha, onde estudou Filosofia na Universidade de Friburgo e Literatura Alemã e Teologia na Universidade de Munique. Em 1994, doutorou-se em Friburgo com uma tese sobre Martin Heidegger. É professor de Filosofia e Estudos Culturais na Universidade de Berlim e autor de instigantes ensaios filosóficos sobre a sociedade atual publicados no Brasil pela Editora Vozes.